JN077224

PROG白書2021

大学教育とキャリアの繋がりを解明

PROGRESS REPORT ON
GENERIC SKILLS

リアセックキャリア総合研究所 監修
PROG白書プロジェクト 編著

■ はじめに ■

　大学生のジェネリックスキルを測定する「PROG」は、学校法人河合塾と株式会社リアセックが共同で開発し、2012年4月にスタートしました。そして、未だコロナ禍の終息が見通せない2021年7月末時点で全国の大学、短大での利用は累計で496校、受検者数は累計で127万人に達しました。これも大学関係者や学生のご理解やご支援がいっそう進んだことの賜物と思い、この場を借りて皆様に感謝申し上げます。

　前回の『PROG白書2018』は、「企業が採用した学生の基礎力とPROG研究論文集」と題して3年前に出版しました。学生の就職状況とジェネリックスキルの関係を探るため、PROGを実施している19大学の協力を得て、その実態を明らかにしました。例えば、業界によって採用した学生のジェネリックスキルに違いがあるものの、企業規模ではさほど大きな違いがないこと。また、ある企業が採用する学生の平均的な基礎力には、対象とする顧客やサービス内容によって特有な傾向がある一方で、平均値から大きく外れる学生でも採用される多様性も浮かび上がりました。

　今回は、卒業生を対象に、学生時代に身に付けた専門知識やジェネリックスキルがどのように現在の仕事に繋がっているかを明らかにするための調査を実施しました。

　昨今、大学教育の質向上に向けて学修成果の可視化が求められ、各大学はさまざまな工夫で数値化（可視化）の努力を重ねています。学修成果の可視化には多面的なアプローチがありますが、最も重要なのは大学教育がその後の人生にどのように役立っているのか、教育の効果をより長期的な視点でみることです。そのとき、大学教育が上手くいっているかを判断する材料として何よりも大切となるのが卒業生の声です。とりわけ、若手社会人のキャリアに大学教育がどのような影響を与えているか、彼らの仕事満足度やキャリア自律度などと大学教育との繋がりを解明することは、極めて有用と思われます。

　そこで、ある程度仕事経験を経た卒業後3〜5年目の卒業生を対象に、全国一斉の卒業生調査を企画しました。卒業後3〜5年目に該当し、かつ大学

3年次にPROGを受検していた卒業生は調査企画時点で約3万人の規模を数えました。受検者数である程度の実績を持つ大学を抽出し、「PROG白書向け卒業生調査企画」への賛同を募りました。その結果、全国13大学の協力を得ることができ、今回の貴重な分析データを確保できました。

　本調査の企画を各大学にご案内し始めたのは新型コロナ問題が生じる前のことで、当然のことながら調査は予定通りには進みませんでした。13大学の調査は随時行われ、足掛け1年弱を要してやっとのことで約1,500名の貴重なデータを得ることができました。ここに改めまして今回ご協力頂いた全国の13大学の関係者、そしてその調査に快くご協力いただいた卒業生の皆様に感謝申し上げます。

　今回の卒業生調査は、各設問のどの回答が何パーセントといった単純集計ではなく、どんな学修経験が就職後の仕事評価や職務満足と結びついているのか、とりわけコミュニケーションや問題解決能力といった実践的能力の開発がどのように影響しているのか、といった構造分析に多くの時間を割きました。この分析結果を第1部としてまとめてあります。ただし、多変量解析などの分析プロセスや難解な数式は省略し、数式が苦手な人でも理解しやすいように努めました。また、アンケートの結果だけであれば、巻末付表2の基本集計表をご覧ください。

　また、第2部では3名の有識者から今回の13大学卒業生調査に対するコメントとこれに関連するご自身の研究成果についてご紹介をいただきました。ご寄稿いただいた溝上慎一氏、矢野眞和氏、豊田義博氏には改めて御礼申し上げます。

　今回の白書の名称が『PROG白書2020』から『PROG白書2021』と1年先送りとなりながらも、数多くの大学関係者、プロジェクトメンバー、出版社等のご協力により白書という形で出版することができました。ここに関係者の皆様に感謝するとともに、この白書が大学教育の改善や改革を目指す大学関係者に役立つことを切に願っています。

リアセック　キャリア総合研究所
所長　角方正幸

目　次

第 1 部

13大学の卒業生調査より
大学教育とキャリアの繋がりを解明

第2部

有識者からのコメントと大学教育改革への視座

第1部

13 大学の卒業生調査より
大学教育とキャリアの繋がりを解明

第 1 章

調査概要

1-1　調査分析の目的
── 大学で身に付けるジェネリックスキルの、社会での有用性を解明

　大学生のジェネリックスキルを測定する PROG テストは、社会人に求められる汎用的技能についての調査研究をもとに設計されている。特にコンピテンシーは「意思決定・行動様式が、仕事ができる社会人のそれにどの程度近いか」を判定しているので、社会で活躍できている若手社会人の PROG スコアは当然に高い。実際、テスト自体の開発過程で、モデル社会人（企業内において 35 歳までに役職についている、または、直接に管理しているメンバーが複数いる）のスコアの水準が高いことは確認されている。しかし、逆に PROG スコアの高い大学生（ジェネリックスキルを十分に身に付けた大学生）が卒業後の職業生活でその能力をどのように活かし、活躍できているのかは、十分に検証できていなかった。

　そこで今回は、全国 13 大学の協力を得て卒業生調査を実施し、過去 3 年次に PROG を受検した、卒業後 3〜5 年の若手社会人約 1,500 人のデータを得た。この調査（以後「13 大学卒業生調査」）の狙いは、大学 3 年時点で保有するジェネリックスキル（汎用的能力／社会基礎力）が、実際に社会人として職場で活動するときにどの程度影響しているのかを、さまざまな角度から分析することにある。

　これはまた、大学生が修得する、言い換えれば大学が学生に修得させている能力と、社会が大卒者に求めている能力とが合致しているのか、していないとすればどのようなギャップがあるのかの検証・分析にも繋がるものである。

　大学の授業改善や教学改革に PROG データを活用する際、「どのような学修や経験がジェネリックスキルを伸長させるか」と、大学内で適用できる

「処方箋」を求めることが多い。しかし、大学内での学修成果生成の複雑さには注意が必要である。そのメカニズムを、図表1-1-1に概念化した。

図表1-1-1 学修成果生成のメカニズム

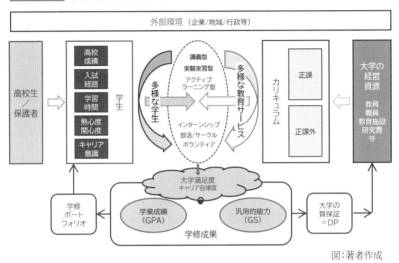

図：著者作成

　キーワードは「多様な学生」と「多様な教育サービス（カリキュラム）」である。その両者が出あうのが大学のキャンパスという場であり、そこである種の化学反応のようなものが起こり、結果として能力やスキルが身に付くということを、この図は示している。多様な学生と多様な教育サービスがどういう場合にどう作用してどういう成果が出るかは、学修の成果が目に見えないこととあいまって、非常に複雑なメカニズムである。「1つの授業科目で1つの授業改善をすれば、1つの学修成果が得られる」といった単純なものではない。

　ある授業が「効果的」ということは、誰がどの大学で実施しても必ず学生の能力を伸長させるということでもなければ、受講した学生全員が均一にスキルを獲得するということでもない。成果が出る場合と出ない場合、伸びる学生とそうでない学生とのばらつきがありつつ、大多数にプラスになる確率が相当高い授業を「効果的」とみなす。

こういった現象の調査研究にはマスデータの活用が必須となる。例えばある1つの授業の、1人の学生への作用を分析しても、その授業の効果を判定することはできないからだ。単独の大学で数十人の学生を調査した場合も同様である。

「ジェネリックスキルを伸長させるのは、どのような学修や経験か」を探るには、できるだけ多様な大学・学生を対象に、できるだけ多くのサンプルを集める必要がある。分析フレームを設定し、そうして集めたある種のマスデータを使って、有意な差が生じているかどうか、仮説を検証することによってのみ、教育サービスとその成果との関連を推定することができる。

1-2 調査内容と分析フレーム

13大学卒業生調査においては、"学ぶと働くを繋ぐ"見地から「大学時代のどのような学修や経験が、卒業後のジェネリックスキル発揮に繋がるか」というより広い観点に立ち、在学中の学修・経験だけでなく、入学前に規定される属性、卒業後の経験の要素を分析に加えている。その分析フレームが図表1-1-2である。

図表1-1-2 卒業生調査の分析フレーム

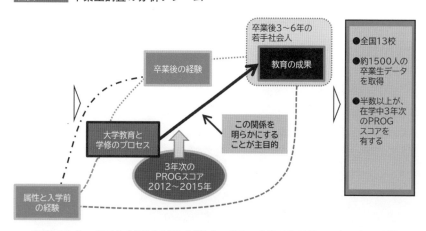

出所）吉本圭一，2007,「卒業生を通した『教育の成果』の点検・評価方法の研究」をもとに加筆

　一般的に卒業生調査では、卒業生に尋ねた自身の大学教育の状況によって「教育と学修のプロセス」指標を、職業経歴およびキャリアの現状によって「教育の成果（アウトカム）」指標を作成、その両者の指標の関係を分析することを基本的な方法として、教育成果の点検・評価が可能になる。

　実際にはこの両者だけでなく、属性や大学入学以前の条件を示す「インプット」指標、卒業後のさまざまな経験のアウトカムへの影響を規定する指標群も必要となる。

　さらに本調査では、卒業生自身の主観評価であるプロセス指標に、「大学時代に保有したジェネリックスキル」を定量化した客観指標として PROG スコアを加えている。そのことにより、主観指標だけではない、客観的データに基づいた解析を可能にしている。

　その上で、先の図表1-1-2で「この関係を明らかにすることが主目的」としている部分が具体的にどのような構造になっているのか、仮説として立てたのが図表1-1-3となる。

図表1-1-3 卒業生調査の仮説

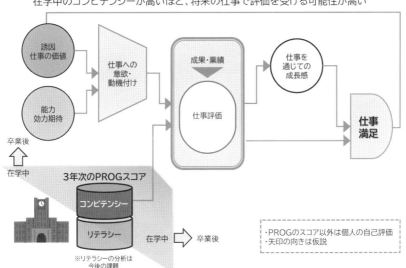

在学中のコンピテンシーが高いほど、将来の仕事で評価を受ける可能性が高い

仕事の評価や仕事満足はどういうものから導かれているのかという中に、コンピテンシーやリテラシーはこういう関係で入ってくるのではないかという仮説を立てた。こういった関係の中でコンピテンシーやリテラシーが有意に効いているかを、卒業生データを使って検証しようとしているのが、13大学卒業生調査に基づく研究全体の俯瞰図である。

この分析のために、調査票を図表1-1-4のように設計した。

図表1-1-4 **卒業生調査調査票の設計**

Q1.基本属性	Q4.大学時代の取り組み姿勢・熱心度	Q7.大学在学中の満足度	Q11.大学で身に付けた能力
1.性別 2.年齢 3.現在の居住地 4.大学での専門 5.卒業年 6.大学入試の形態 7.大学入学時の志望順位 8.婚姻	1.専門科目の講義 2.教養科目の講義 3.外国語の学習 4.卒業論文・卒業研究・専門分野のゼミ 5.部・サークル活動 6.アルバイト 7.就職活動	1.専門科目の講義 2.教養科目の講義 3.外国語の学習 4.卒業論文・卒業研究・専門分野のゼミ 5.教員の授業のすすめ方 6.部・サークル活動 7.友人関係 8.アルバイト 9.就職活動 10.総合満足度	**Q12.社会で求める能力** 1.親和力 2.協働力 3.統率力 4.感情制御力 5.自信創出力 6.行動持続力 7.課題発見力 8.計画立案力 9.実践力 10.専門知識 11.一般教養 12.外国語能力 13.データサイエンス能力 14.情報収集力 15.情報分析力 16.課題発見力 17.構想力
Q2.高校時代 1.高校の所在地 2.4年制大学への進学割合 3.高校生活満足度	**Q5.大学時代の学修経験や成長実感** 1.授業中に自ら発言 2.授業が分からなかった 3.他の学生と議論した 4.自主的な勉強会へ参加 5.教員に親近感 6.教員にキャリアの相談 7.在学中の成長実感	**Q8〜Q9.職業キャリア** Q8-1.卒業直後の進路 Q8-2.現在の就業状況 Q9-1.現職の業種 Q9-2.現職の職種 Q9-3.勤務先の企業規模 Q9-4.転職経験	
Q3.学生時代の成績 1.中学3年時の成績 2.高校3年時の成績 3.大学卒業時の成績	**Q6.卒業論文の意義** 1.専門教育の総仕上げ 2.教養的知識の必要性を知る 3.色々な人と議論する 4.自分の主張を伝える 5.困難なことをやり遂げる 6.主体的な学習態度を養う	**Q10.仕事満足度とキャリア意識** 1.自主的な学び 2.職場での成長実感 3.仕事の意欲度 4.キャリア自律度 5.仕事の評価 6.仕事満足度	※Q12,Q11の「7.課題発見力」はコンピテンシー、「16.課題発見力」はリテラシーの能力。詳細は図表1-1-6または巻末付表1を参照。

Q1の基本属性に続き、Q2は高校時代の（過去の）実績・実態、Q3は中高から大学にかけての学業成績を、いずれも主観評価で尋ねている。

Q4とQ5では、大学時代にどういう取り組みをしていたのか、学修経験や成長実感、大学時代の学習スタイルに類することを聞いている。Q6は、大学での学修のうち「卒論」に的を絞っている。大学教育における卒論の効

果が、多くの研究者によってすでに明らかにされていることを踏まえ、卒論のどこがどのように機能してキャリア観や職業能力に結びついているのかを、さらに探る意図である。Q7はジェネラルメジャー（総合的な「物差し」）としての満足度を、在学中の活動を領域に分け、総合満足度を含め10項目について聞いた。Q4からQ7までが「大学時代」についての質問項目で、Q11と合わせて「教育と学修のプロセス」指標を構成する設問となっている。

Q8、Q9には、アウトカムに影響する「卒業後の職業的経験」についての設問を置いている（本書ではこの設問群を「職業キャリア」と呼ぶ）。卒業後の進路、現在の就業の有無、現職の業種・職種・企業規模、転職経験という項目構成は、入職から3〜5年程度という時期において、給料や役職の問題は大きな意味を持たないことに鑑み、最低限の基本的なものとしている。

大学教育のアウトプット（アウトカム）の評価指標は「仕事満足度とキャリア意識」のQ10の6項目（図表1-1-5）がキーになる。

図表1-1-5 大学教育のアウトプット（アウトカム）の評価指標

調査票項目	設問文 Q10 現在の仕事や将来のキャリアのための活動についてお聞きします。		選択肢
1.自主的な学び	Q10-1.	仕事に必要なスキルを、職場外で自主的に学んでいる	とてもあてはまる ややあてはまる どちらともいえない あまりあてはまらない まったくあてはまらない
2.職場での成長実感	Q10-2.	現在の職場での仕事を通じた成長実感	自分はとても成長したと思う 自分はやや成長したと思う どちらともいえない 自分はあまり成長していないと思う 自分はまったく成長していないと思う
3.仕事の意欲度	Q10-3.	現在の仕事には意欲的に取り組むことができる	とてもそう思う ややそう思う どちらともいえない あまりそう思わない まったくそう思わない
4.キャリア自律度	Q10-4.	これからのキャリアや人生を自分で切り開いていける	
5.仕事の評価	Q10-5.	現在の職場で評価されている	
6.仕事満足度	Q10-6.	現在の職場での仕事に対する満足度	とても満足している やや満足している どちらともいえない あまり満足していない まったく満足していない

※「4.キャリア自律度」の設問文設定にあたっては、リクルートワークス研究所（2019）「人生100年時代のライフキャリアを科学する『キャリア曲線を描く調査』分析報告書」を参考にした。

Q11は「大学で身に付けた能力」を、ほぼPROGテストの項目に対応する形で聞いている。原則として今回の調査対象者には、「大学で身に付けた

能力」の客観評価データとして（在学時の）PROGスコアがあるが、それとやや重複しつつ、主観評価としても尋ねている。

　質問紙では、PROGの中分類名称をそのまま使って「大学時代に親和力は身に付きましたか」と聞くのではなく、図表1-1-6のようにしている。

　なお本書では、Q11で聞いたコンピテンシー・リテラシーの各項目は、PROGスコアと区別する意味で、「親和力（自己評価）」のように表記する。PROGテストで得られたものを指す場合は「親和力」と表記する。

　Q12は、Q11の各項目について、「次の能力は、今のあなたが働く職場や社会でどの程度必要だと思いますか」を5段階（絶対に必要／とても必要／必要／少しは必要／あまり必要ではない）で尋ねている。

図表1-1-6 大学で身に付けた能力の評価指標

		調査票項目	設問文 Q11 次の能力は、大学でどの程度身に付いたと思いますか。		選択肢（すべて同）
コンピテンシー	対人基礎力	1.親和力	Q11-1.	他者との豊かな関係を築く能力	かなり身に付いた やや身に付いた どちらともいえない あまり身に付かなかった 身に付かなかった
		2.協働力	Q11-2.	目標に向けて協力的に仕事を進める能力	
		3.統率力	Q11-3.	場を読み、組織を動かす能力	
	対自己基礎力	4.感情制御力	Q11-4.	ストレスのかかる場面でも、気持ちの揺れを制御する能力	
		5.自信創出力	Q11-5.	前向きな考え方、やる気を維持する能力	
		6.行動持続力	Q11-6.	主体的に動き、よい行動を習慣づける能力	
	対課題基礎力	7.課題発見力	Q11-7.	様々な角度から情報を分析し、課題の原因を明らかにする能力	
		8.計画立案力	Q11-8.	課題解決のための適切な計画を立てる能力	
		9.実践力	Q11-9.	目標達成に向け、実践行動する能力	
授業科目		10.専門知識	Q11-10.	大学の専門科目で学んだ知識・技能	
		11.一般教養	Q11-11.	大学の教養科目で学んだ知識・技能	
		12.外国語能力	Q11-12.	外国語を使う能力	
		13.データサイエンス能力	Q11-13.	数理的思考力とデータ分析・活用能力（数理・データサイエンス、情報科学など）	
リテラシー		14.情報収集力	Q11-14.	課題発見・課題解決に必要な情報を見定め、適切な手段を用いて収集・調査・整理する能力	
		15.情報分析力	Q11-15.	収集した個々の情報を多角的に分析し、現状を正確に把握する能力	
		16.課題発見力	Q11-16.	現象や事実のなかに隠れている問題点やその要因を発見し、解決すべき課題を設定する能力	
		17.構想力	Q11-17.	さまざまな条件・制約を考慮して、解決策を吟味・選択し、具体化する能力	

この調査の主要部分は「大学で身に付けた能力（PROGスコアおよびQ11）」が「仕事満足度とキャリア意識（Q10）」にどう影響するかだが、Q10、Q11以外の設問（とくにQ1〜Q2、Q8〜Q9）の位置づけを示しているのが図表1-1-7である。

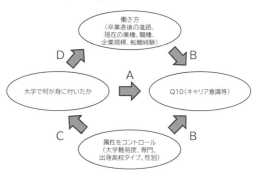

図表1-1-7 大学で身に付けた能力とキャリア意識等への影響

「大学で身に付けた能力の、キャリア意識等への影響」（図中A）の分析がこの調査の主眼だが、分析にあたっては、大学入学前に確定（ほぼ）した属性（Q1〜Q2）や、大学卒業後に働く中で経験によって得たこと（Q8〜Q9）も、キャリア意識等に影響を及ぼす（図中B）ことを考慮する必要がある。さらに、入学前からの属性は「大学で何を身に付けるか（付けたか）」に影響するし（図中C）、大学で身に付けたことは、卒業時の進路をはじめとする働き方にも影響を与える（図中D）。

第2章「仕事満足度やキャリア意識等と大学教育の繋がり」の2-1節から2-5節では、こうしたフレームに基づき分析を行っている。

また、この調査研究の目指すところの1つとして、大学教育で何をすればよいか、より具体的に言えば「学生にどのような学び／経験をさせれば、職業生活に役立つ能力（＝コンピテンシー・リテラシー）が身に付くのか」の解を得ることがある。その観点からの一歩進んだ分析を行うのが、2-6節「大学時代のさまざまな経験や満足度と身に付けた能力」、2-7節「大学時代の学修経験や満足度と基本属性との関係」であり、図表1-1-8はその分析フ

図表1-1-8 大学時代の学修経験と在学中の満足度

レームを示している。

　大学時代の過ごし方や経験（Q4〜Q7）によって、コンピテンシーやリテラシーが身に付く、あるいは強化される。どのような経験がより能力伸長に繋がるかを分析することは、大学教育を改善する方向性を見出す一助となると考えられる。そのとき、大学時代の過ごし方や経験は属性（Q1〜Q2）によって左右される部分もあることを念頭に置く必要がある。例えば大学での専門分野によって、学修を通じて得られやすい経験の種類が異なることは容易に考えられる。したがって、その影響も考慮した上で「大学時代の経験」と「身に付けた能力」との間にどのような関連があるかを分析するフレームとしている。

1-3　使用データの説明

　今回は全国の13大学の協力を得て、就職活動時（原則3年生、一部は4年生）にPROGテストを受検した2014年3月卒〜2017年3月卒の社会人について、その連絡先を、教務課、キャリアセンターなどからご提供いただき、WEBアンケートへの協力を依頼した。

　また、「大学3年時点で保有するジェネリックスキル」は、3年次に受検したPROGテストのスコア（以下「PROGスコア」）を大学側から提供いただいた。

　PROGスコアは、ジェネリックスキルを「リテラシー」「コンピテンシー」の両面から測定するPROGテストによって得られる評価値である。

　リテラシーとは「知識を活用して問題解決する力」と定義することができ、PROGテストにおいては「情報収集力」「情報分析力」「課題発見力」「構想力」の4つの能力を測定対象とし、それぞれ5ランクで段階評価している（リテラシー総合は7ランク）。

　コンピテンシーの定義は「経験を積むことで身に付いた行動特性」とすることができる。PROGテストでは3つの大分類「対人基礎力」「対自己基礎力」「対課題基礎力」の下に9つの中分類、さらに各中分類を構成する33の小分類というコンピテンシー構成概念のもと、それぞれ7ランク（小分類は

5ランク）で段階評価している（巻末付表1参照）。

協力いただいた大学の属性は図表1-1-9のとおり。13校中12校が私立、6校が東京を含む関東圏という偏りがある。

調査協力を依頼した13大学合計12,844人の中から、

図表1-1-9 調査協力大学の属性

設置主体	校数
国立	1
公立	0
私立	12
合計	13

キャンパス所在地	校数
北海道・東北	1
東京	2
関東・甲信越（東京除く）	4
東海・北陸	0
関西	4
中国・四国	0
九州・沖縄	2
合計	13

1,548人の有効回答が得られた。実質回収率は13.0％。その基本属性は図表1-1-10のとおり。

性別では男性50.3％に対し女性48.6％、無回答1.1％。

卒業大学の設置主体別の人数では、国立4.7％に対し私立95.3％で、13大学を分母とした場合より「私立」への偏りが顕著になる。キャンパス所在地別でみると、関西が50.3％（1,548人中778人）で、東京を含む関東圏35.3％を上回って最多となる。

現在住んでいる地域別（図表は割愛）でも関西が最多だが、割合は38.5％（1,548人中596人）で、東京を含む関東圏40.8％とほぼ拮抗する。都道府県別では、多い順に大阪府20.8％、東京都11.3％、神奈川県9.4％、長野県6.4％、京都府5.8％などとなっている。また海外が1.1％だった。

大学での専門別では、人文科学系27.1％、社会科学系36.3％、理工系23.6％、医療・保健系4.8％、その他8.1％。

学部ごとの入試偏差値では45以上55未満が43.9％、45未満が54.5％、55以上60未満が1.6％で、偏差値60以上は0だった。

大学卒業直後の進路は、正規雇用81.3％、非正規雇用7.0％、就職準備5.0％、大学院進学3.7％、その他3.0％となっており、全国のデータ（2015年3月卒業者：正規雇用68.9％、非正規雇用3.7％、進学11.0％）と比較して就職者（正規雇用＋非正規雇用）が多く、大学院進学が少ない傾向がある。

現在就業中の1,402人には、現職の業種・職種・企業規模と、転職経験の有無を尋ねた。

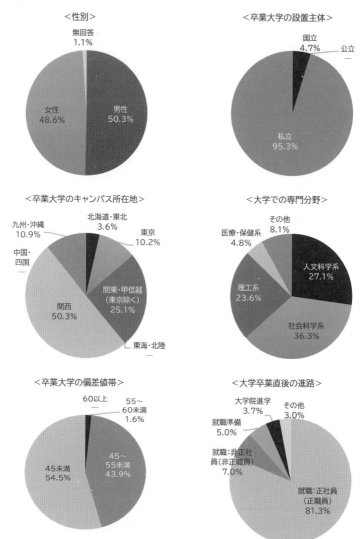

図表1-1-10 回答者の基本属性 (n=1,548)

<性別>
- 無回答 1.1%
- 女性 48.6%
- 男性 50.3%

<卒業大学の設置主体>
- 国立 4.7%
- 公立
- 私立 95.3%

<卒業大学のキャンパス所在地>
- 北海道・東北 3.6%
- 東京 10.2%
- 九州・沖縄 10.9%
- 中国・四国
- 関西 50.3%
- 関東・甲信越（東京除く）25.1%
- 東海・北陸

<大学での専門分野>
- その他 8.1%
- 医療・保健系 4.8%
- 人文科学系 27.1%
- 理工系 23.6%
- 社会科学系 36.3%

<卒業大学の偏差値帯>
- 60以上
- 55～60未満 1.6%
- 45未満 54.5%
- 45～55未満 43.9%

<大学卒業直後の進路>
- 大学院進学 3.7%
- その他 3.0%
- 就職準備 5.0%
- 就職：非正社員（非正職員）7.0%
- 就職：正社員（正職員）81.3%

　全国データ（学校基本調査）と比較しつつ検討すると、業種では、製造業15.9％、サービス業16.8％が学校基本調査（製造業、サービス業とも11.8％）より割合が大きく、医療（、福祉）6.6％は（学校基本調査12.8％に

図表1-1-11 回答者の基本属性
〈現職の業種〉
（現在就業中／n=1,402)

	人数	%	(参考) ※1 学校基本調査
農業、林業、漁業	12	0.9	0.3
建設業	72	5.1	4.7
製造業	223	15.9	11.8
電気・ガス・熱供給・水道業	22	1.6	0.4
情報通信業	126	9.0	8.1
運輸業、郵便業	65	4.6	3.0
卸売業、小売業	151	10.8	16.6
金融業、保険業	105	7.5	9.0
不動産業、物品賃貸業	23	1.6	2.8
学術研究、専門・技術サービス業	62	4.4	3.6
サービス業	236	16.8	※2 11.8
教育、学習支援業	122	8.7	7.8
医療、福祉	92	6.6	12.8
公務(他に分類されるものを除く)	73	5.2	6.0
その他 ※3	18	1.3	1.3
合計	1,402	100.0	100.0

図表1-1-12 回答者の基本属性
〈現職の職種〉
（現在就業中／n=1,402)

	人数	%	(参考) 学校基本調査
専門職・技術職	494	35.2	35.1
事務職	342	24.4	28.6
営業職 ※	271	19.3	25.1
販売職	91	6.5	
サービス職	144	10.3	5.9
保安職	29	2.1	1.8
その他	31	2.2	3.5
合計	1,402	100.0	100.0

※学校基本調査で用いられている職業分類では、中分類「営業の職業」は大分類「販売の職業」に含まれている。

※1：文部科学省「学校基本調査」：調査年月は平成27(2015)年5月で、2015年3月卒業者のデータ。学校基本調査上の産業別就職者数には、進学し、かつ就職した者が含まれている。
※2：「宿泊業, 飲食サービス業」「生活関連サービス業, 娯楽業」「複合サービス事業」「サービス業(他に分類されないもの)」の計。
※3：学校基本調査上の「上記以外のもの」に、当調査の「その他」を対応させた。

比べ）小さめの割合である（図表1-1-11）。職種では、サービス職が10.3%（学校基本調査5.9%）とやや多いが、ほぼ全国データに近い分布となっている（図表1-1-12）。

　企業規模では、従業員数1,000人以上の企業が40.4%、500～999人11.5%などとなっている。

　ただしこれらは、性別、大学での専門などによるばらつきが大きい。

　そして、現在就業中の1,402人のうち37.1%にあたる520人に転職経験があった。2014年3月～2017年3月の卒業者に対して2020年4月から行った調査なので、社会人歴6年（7年目）以内での転職（離職）率ということになる。

　厚生労働省の調査による「新規学卒就職者の就職後3年以内の離職状況」によると、新規大卒就職者の3年以内離職率は32%前後で、近年大きな変動はみられない。6年以内で37.1%という離職率は、平均的といえそうである。

1-4　データの制約と注意点

　今回卒業生調査に協力いただいた13大学は全国の大学卒業生の実態を代表するものではない。13大学の設置主体、所在地、入試偏差値などに偏りもある。ただし、「入試偏差値下位〜中位の大学生」は、多くが民間企業もしくは公務に就職する（大学院に進学しない）ので、大学で身に付けたジェネリックスキルが実際に「社会人として職場で活動するときに」どの程度影響しているのかを分析する目的には、適っているとも考えられる。

　また、この偏りを一部補正するため、入試偏差値上位の全国16校の卒業生調査を別途実施し、309人のデータを得た。この追加調査の調査概要・結果概要は、[参考]（160頁）で改めて示す。

　一方、PROG受検者データ（コンピテンシー受検者数は12,168人、コンピテンシーとリテラシーの両方の受検者数は11,247人）を『PROG白書2015』の10万人データと比較すると、「大学生のジェネリックスキルの能力要素間の相関係数」は近似していると判断できた。したがって、上述の「私立」「首都圏」「入試偏差値は中位」という属性の偏りはあるが、リテラシーおよびコンピテンシー得点を用いて分析するに当たり、このデータはおおむね妥当と考えられる。

　分析目的に応じて使用するデータが異なることにも注意が必要である。職業キャリア（Q8、Q9）やキャリア意識等（Q10）との関連においては、「回答時点で30代以下、かつ、就業している人」に限定したデータで分析を行う。

　PROGスコアを使う第2章2-4節、2-5節では、さらに小サンプルになる。調査協力をいただいた13大学では、いずれも該当年度にPROGテストを実施しているが、個人ベースでみると、全員が受検している（大学3年次のPROGスコアを持っている）わけではない。また、リテラシーテストのみ受検、コンピテンシーテストのみ受検といったケースもあるため、リテラシー・コンピテンシーの全スコアによる分析が可能なサンプルサイズは300前後となっている。

仕事満足度やキャリア意識等と大学教育の繋がり

　本章は、卒業生調査を通じて大学教育と「仕事満足度とキャリア意識」の繋がりを解明する、『PROG白書2021』の中心部分である。分析が多岐にわたるため、第2章の構成をフローチャート化した図を参考に示す（図表1-2-1）。これを念頭に各節の内容を理解してほしい。

図表1-2-1 第2章の構成：仕事満足度やキャリア意識等と大学教育の繋がり

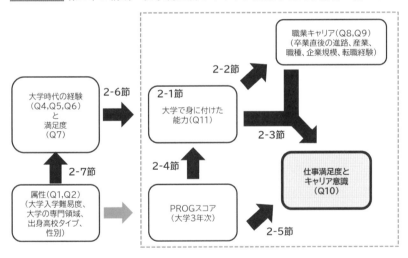

2-1　大学で身に付けた能力の実態

　今回の卒業生調査では、大学で身に付けた能力として、ほぼPROGテストの項目に対応する形でQ11に17の設問を設け、「次の能力は、大学でどの程度身に付いたと思いますか」と主観評価を尋ねている。この17の指標を因子分析にかけて、3つの因子を取り出した。

図表1-2-2 大学で身に付けた能力の抽出

Q11.調査票項目	因子		
	因子1	因子2	因子3
Q11-5.自信創出力	0.819	-0.029	-0.011
Q11-6.行動持続力	0.806	0.007	-0.001
Q11-2.協働力	0.782	-0.048	0.064
Q11-3.統率力	0.771	-0.002	-0.052
Q11-1.親和力	0.746	-0.123	0.071
Q11-4.感情制御力	0.732	-0.051	-0.020
Q11-9.実践力	0.647	0.167	0.050
Q11-8.計画立案力	0.488	0.343	0.002
Q11-7.課題発見力	0.419	0.402	0.004
Q11-15.情報分析力	-0.051	0.964	-0.021
Q11-16.課題発見力	0.038	0.906	-0.070
Q11-14.情報収集力	-0.032	0.844	0.071
Q11-17.構想力	0.107	0.794	-0.030
Q11-13.データサイエンス能力	-0.166	0.592	0.165
Q11-11.一般教養	-0.008	0.067	0.810
Q11-10.専門知識	-0.001	0.026	0.828
Q11-12.外国語能力	0.160	-0.006	0.387

			累積寄与率	60.9%

※ 最尤法、プロマックス回転、n=1,399。
　各項目の具体的な設問文は第1章図表1-1-6または巻末付表3を参照

図表1-2-2は、因子の設問（指標）に対する影響の強さを示す値（原則として-1から1までの値）の一覧である。設問（指標）の行を、値の順に並び替えて見やすくしている。

Q11-1～Q11-9で大きな値を取っている因子1の潜在的な意味合いは、「コンピテンシー（自己評価）」であると解釈できる。同様に、関係性の強いと思われる指標から因子の潜在的な意味合いを解釈し、以下のように因子名とした。

- 因子1→コンピテンシー（自己評価）因子
- 因子2→リテラシー（自己評価）因子
- 因子3→授業科目の修得度（自己評価）因子

設問（指標）ごとにみると、関係性の強い1つの因子以外の2つの因子は0に近い値を取っており、各設問（が示す指標）は、いずれか1つのみの因子の影響を受けていることがわかる。「Q11-5.自信創出力」を例にとると、因子1のみが0.819（1に近い値）、因子2は-0.029、因子3は-0.011（いずれも0に近い値）で、Q11-5は「因子1　コンピテンシー（自己評価）」のみの影響を受けている、ということになる。例外として、「Q11-7.課題発見力」と「Q11-8.計画立案力」は、「因子1　コンピテンシー（自己評価）」「因子2　リテラシー（自己評価）」の双方から、およそ同程度の影響を受けている。このことは、課題発見力と計画立案力を育むためには、コンピテン

シーとリテラシーの双方が必要だということが表れているのかもしれない。

　調査票設計の時点ではQ11-11〜 Q11-13の4項目を「授業科目」のカテゴリーとしたが、この因子分析の結果、「Q11-13.データサイエンス能力」は、因子3ではなく因子2との関係が強いことが明らかになった。したがってデータサイエンス能力は、授業科目（因子3）ではなくリテラシー（因子2）に組み込まれる。このことには第5章で改めて触れる。

　図表1-2-3から、Q11から抽出された3つの因子間の相関が強いことがわかる。一方、PROG スコア同士（コンピテンシー、リテラシー）は、基本的に相関がない（PROG テストがそのように開発されており、累積した受検データでも検証済みである。『PROG 白書2015』付表4能力要素間の相関係数）。Q11から抽出された3つの自己評価因子は、因子間の相関が強いという点において、客観評価のPROG におけるコンピテンシーやリテラシーと異なっている。

図表1-2-3　因子間の相関係数

	コンピテンシー （自己評価） 因子	リテラシー （自己評価） 因子	授業科目の 修得度 （自己評価） 因子
コンピテンシー（自己評価）因子	1		
リテラシー（自己評価）因子	0.731	1	
授業科目の修得度（自己評価）因子	0.574	0.640	1

※n＝1,399。相関係数はすべて1%水準で両側有意

　次に、抽出した3つの因子が、大学で身に付けた能力を測る指標として適切かを確認する。言い換えると「測りたいものを測れているか」の妥当性の検証である。PROG コンピテンシー総合スコア、PROG リテラシー総合スコア、大学卒業時の成績（Ｑ3-3）の3項目を大学で身に付けた能力の基準とし、これらと3因子の相関関係をみた（図表1-2-4）。

　相関係数の値は大きくない。しかし、相応の相関関係があることは確認できる。また、コンピテンシー（自己評価）因子は「PROG コンピテンシー総合スコア」、授業科目の修得度（自己評価）因子は「大学卒業時の成績」との相関がもっとも強く（表の太枠）、この2つについては期待通り、大学時代に身に付けたコンピテンシーおよび授業科目内容を測定できているといえ

図表1-2-4 PROG スコア、大学卒業時の成績と3因子の相関係数

| | | PROG | | Q3-3 |
		コンピテンシー総合スコア	リテラシー総合スコア	大学卒業時の成績
大学で身に付けた能力因子(Q11)	コンピテンシー(自己評価)因子	0.287 **	0.120 **	0.222 **
	リテラシー(自己評価)因子	0.170 **	0.157 **	0.234 **
	授業科目の修得度(自己評価)因子	0.154 **	0.116 *	0.216 **

※n=464。PROGスコアを持つデータに限定したためサンプルサイズが小さい。
※相関係数:**=1%水準で両側有意、*=5%水準で両側有意。

そうである。

　リテラシー（自己評価）因子は、相関が最も強いのが「PROGリテラシー総合スコア」ではなく「大学卒業時の成績」である。2-4節で述べる内容を先取りすると、PROGリテラシー総合スコアは学業成績を介してリテラシー（自己評価）に影響を与えていると考えられる。

　またリテラシーは、コンピテンシーと比べて自己評価しにくい性質がある。例えば、「自分に（コンピテンシー）自信創出力があるか」が、「いつも前向きでやる気に満ちているか、そうでないか」のように日常生活の中でも自己評価しやすいのに比べ、「自分に情報分析力（リテラシー）があるか」の自己評価はかなり難しくみえる。このため、「○○の授業でよい成績が取れたのは、自分に情報分析力があったからだ」のように、学業成績が自己評価の手がかりとなることも多くあるようだ。このために、学業成績（Q3-3）と自己評価のリテラシーが相関してしまう面もある。

2-2　大学で身に付けた能力と職業キャリアとの関連

　本節では、因子分析で得た3指標の因子得点の、職業キャリア変数別の平均値についてみていく。その目的は、大学で身に付けた能力（3つの因子得点で測られた）が、「卒業直後の進路」「現職の業種・職種・企業規模」「転職経験の有無」にどのような影響を及ぼしているか（あるいは影響していないか）の分析である。

　本節および2-3節、2-5節で分析に用いるデータは、「回答時点で30代以下、かつ、就業している人」に限定したものである。

「大学で身に付けた能力」と「職業キャリア」との間には、以下のような関連があった（図表1-2-5）。

図表1-2-5 大学で身に付けた能力（Q11）と職業キャリア（Q8、Q9）との関連

Q8、Q9→ / Q11↓	卒業直後の進路				業種（産業）				職種	企業規模	転職経験
	正社員	非正社員	就職準備	大学院進学	第一次	第二次	第三次	公務員	営業系	従業員数1,000人以上	
コンピテンシー（自己評価）因子			−						+	+	
リテラシー（自己評価）因子			(−)注3	(+)注2						−	
授業科目の修得度（自己評価）因子			(−)注3	(+)注1						−	

※注1）、注2）見かけの正の相関あり。 注3）見かけの負の相関あり。 いずれも後述。

　卒業直後の進路のうち「就職準備」とは、就職する意向はあるが正社員・非正社員いずれの就業もせず、大学院進学もしなかったということである。「未就業者」「卒業時進路未決定」のほうが一般的な用語かもしれない。今回の回答者では約5％が該当した。

　現職の職種は営業系職種（営業・販売・サービス・保安）と非営業系職種（専門・技術・事務）の2つに大別して集計している。現職の業種は、調査では「13分類」＋「13までにあてはまらない公務員」＋「その他」の15の選択肢で回答を得ているが、第一次産業、第二次産業、第三次産業、公務員に大別して「産業」としている。企業規模は大企業（従業員数1,000人以上）と中小企業（1,000人未満）に大別した。

　＋は正の相関で、例えば「コンピテンシー（自己評価）因子」と「職種：営業系」の交わる欄の＋は、「コンピテンシー（自己評価）因子が高い人ほど、現在の職種が営業系である確率が上がる」ような関係があることを示している。−は負の相関で、例えば「リテラシー（自己評価）因子」と「企業規模」の交わる欄の−は、「リテラシー（自己評価）因子が低い人ほど、現在の勤務先が大企業（従業員数1,000人以上）である確率が上がる」ような関係があることを示している。

　以下、分析のあらまし（上表の結論に至った過程）を、順を追って示していく。

卒業直後の進路別

図表1-2-6は、前節で抽出した「コンピテンシー（自己評価）因子」「リテラシー（自己評価）因子」「授業科目の修得度（自己評価）因子」の因子得点の平均値を、大学卒業直後の進路別に示したものである。

グラフから読み取れるのは、「大学院進学者は授業科目修得度（自己評価）因子とリテラシー（自己評価）因子が高い」「3因子とも、就職準備者が顕著に低い」の2点だが、前表で示したとおり、他の要素が関連した見かけの相関も含まれている。

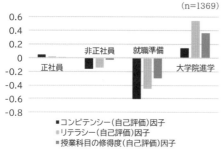

図表1-2-6 大学卒業直後の進路別3因子（自己評価）の平均値の比較

(n=1369)

■コンピテンシー（自己評価）因子
■リテラシー（自己評価）因子
■授業科目の修得度（自己評価）因子

※3因子とも1%水準で有意。

次頁の表（図表1-2-7）は、「大学卒業直後の進路が大学院進学である確率は、3因子それぞれが大きくなることでどの程度上がるか」を、他の要素の影響の有無を検証しながら（階層的重回帰分析を行って）推定したものである。

〈表の読み方〉

この欄は、分析手法および過程の解説である。表の読み方をすでに理解している方や、分析からの知見のみ知りたい方は、読み飛ばして差し支えない。

ここでは階層的重回帰分析の手法のうち、分析結果の読み取りが容易な線形確率モデルを採用している。

左端の列に並んでいるのは、「卒業直後の進路が大学院進学」に影響を与えると思われる変数で、主な要素である3因子（自己評価）と、見かけの相関の有無（状態）を検証するために追加したものがある。

これらを組み合わせて以下の5つの「モデル」で各要素の影響度を算出している。

モデル1＝授業科目の修得度（自己評価）因子単独のモデル

図表 1-2-7 3因子の「大学院進学」への影響度

		モデル1		モデル2		モデル3		モデル4		モデル5	
		影響度	有意性	影響度	有意性	影響度	有意性	影響度	有意性	影響度	有意性
コンピテンシー（自己評価）因子				-0.019	*	-0.011	——	-0.011	——	-0.010	
リテラシー（自己評価）因子				0.029	**	0.016	——	0.015	——	0.016	
授業科目の修得度（自己評価）因子		0.014	*	0.006	——	0.006	——	0.004	——	0.004	
大学ランク（入試難易度）	高ダミー					0.040	**	0.041	**	0.039	**
大学での専門	理系ダミー					0.069	**	0.070	**	0.070	**
出身高校タイプ	進学校ダミー					0.012	——	0.012	——	0.011	
性別	男性ダミー					0.018	——	0.019	——	0.017	
Q3-3. 大学卒業時の成績								0.009	——	0.009	
アルバイト	とても満足ダミー									0.002	
	やや満足ダミー									0.007	
	どちらとも言えないダミー									-0.002	
	あまり満足していないダミー									-0.011	
	まったく満足していないダミー									0.029	
部・サークル活動	とても満足ダミー									0.004	
	やや満足ダミー									0.028	*
	どちらとも言えないダミー									0.013	
	あまり満足していないダミー									0.072	**
	まったく満足していないダミー									0.017	

※　n=1,253。**＝0.01未満、 *＝0.01以上0.05未満　——＝0.05以上（有意性なし）。

　　モデル2＝授業科目の修得度（自己評価）因子にコンピテンシー（自己評価）
　　因子、リテラシー（自己評価）因子を加えたモデル
　　モデル3＝モデル2にダミー変数化した基本属性（大学ランク、大学での専門、
　　高校タイプ、性別の4項目）を加えたモデル
　　　ダミー変数化とは、設定した条件に該当するものの値を1、該当しないも
　　のの値を0として分析にかけること。大学での専門・理系ダミーを例にとる
　　と「理工系」と「医療・保健系」は1、「人文科学系」「社会科学系」と「そ
　　の他」は0となる。
　　―大学ランクはABCの3段階に分けたうちのAとB（入試偏差値45以上に
　　相当）を「大学ランク高」とする。
　　―大学での専門は、理工系と医療・保健系を合わせて「理系」とする。
　　―出身高校のタイプは4年制大学（短大や専門学校を含まない）への進学割
　　合で5段階に区分し、ほとんど全員が4年制大学に進学する高校を「進学
　　校」とする。
　　―性別は「男性」をダミー変数化の設定条件とする。性別無回答者はサンプ
　　ルから除外して分析している。
　　モデル4＝モデル3に大学卒業時の成績を加えたモデル

モデル5＝モデル4に、大学時代の経験（アルバイト、部・サークル活動の2
　　項目）満足度を加えたモデル
　　　―アルバイト、部・サークル活動のダミー変数は、いずれも未経験者を基準
　　　　カテゴリーとしている。各満足度ダミーの影響度の値は、基準カテゴリー
　　　　の影響度との差を表している。
　影響度（回帰係数の推定値）は、その行の変数が「大学院進学」に及ぼす影響
の大きさを示す。有意性（有意確率）は「関連がみられない」といえるかどうか
の指標で、値が小さいほど、より「関連があるといって差し支えない」というこ
とになる。一般的に0.05以上だと関連は「ない」とされ、「有意性なし」と表現
する。

　ここからは具体的に図表1-2-7「3因子の『大学院進学』への影響度」の表の
読み方である。
　まず、大学院進学者の因子得点が高いと前掲グラフに表れていた「授業科目の
修得度（自己評価）因子」の行に注目してみよう。モデル1では影響度がプラス
で、有意性も認められる（＊）ので「授業科目の修得度（自己評価）因子は大学
院進学に影響している」ようにみえる。しかし、コンピテンシー（自己評価）因
子、リテラシー（自己評価）因子を加えたモデル2では、影響度の値が大きく低
下し、有意性もなくなっている。モデル3〜モデル5も同様である。
　したがって、授業科目の修得度（自己評価）因子は、大学院進学に対して有意
な直接効果を持たないということになる。
　次に、3因子（自己評価）を使ったモデル2に注目すると、リテラシー（自己
評価）因子は影響度と有意性が出ている。しかし、基本属性の変数を加えたモデ
ル3では影響度が下がり、有意性も消失している。代わりに大学ランク、大学で
の専門・理系の影響度が大きく出ており、リテラシー（自己評価）因子の影響の
ようにみえたのは、属性、中でもとくにこの2つの影響であったことがわかる。
　コンピテンシー（自己評価）因子の影響度はどのモデルでもわずかにマイナス
であり、「コンピテンシー（自己評価）が上がると大学院進学の確率は下がる」
となる。しかし有意性が、モデル2では低く、モデル3〜5では「有意性なし」と
なっていることから、そのような影響はないと判断できる。

　つまり、コンピテンシー（自己評価）、リテラシー（自己評価）、授業科目の修
得度（自己評価）の3因子はいずれも、大学院進学に対して有意な直接効果を持
たない。

この分析からわかることとしては、
- コンピテンシー（自己評価）、リテラシー（自己評価）、授業科目の修得度（自己評価）の3因子とも、その高低と「大学院に進学するかどうか」は直接関係がない。
- 授業科目の修得度（自己評価）因子は、単独で分析すると大学院進学に関係しているようにみえる（図表1-2-5の注1）が、実は直接の関係はない。
- リテラシー（自己評価）因子が上がると大学院進学が増えるようにみえる（図表1-2-5の注2）のは「見かけ」であり、実際に影響しているのは、大学ランクと大学での専門（理系）である。

　同様に、「大学卒業直後の進路が就職準備である確率は、3因子それぞれが大きくなることでどの程度上がるか」を推定したのが図表1-2-8である。

図表1-2-8 3因子の「就職準備」への影響度

		モデル1		モデル2		モデル3		モデル4		モデル5	
		影響度	有意性	影響度	有意性	影響度	有意性	影響度	有意性	影響度	有意性
コンピテンシー（自己評価）因子		-0.026	**	-0.025	*	-0.026	**	-0.026	**	-0.022	*
リテラシー（自己評価）因子				-0.003	──	-0.003	──	-0.002	──	-0.002	──
授業科目の修得度（自己評価）因子				0.003	──	0.004	──	-0.007	──	0.006	──
大学ランク（入試難易度）	高ダミー					0.011	──	0.009	──	0.012	──
大学での専門	理系ダミー					-0.007	──	-0.008	──	-0.015	──
出身高校タイプ	進学校ダミー					-0.004	──	-0.003	──	-0.002	──
性別	男性ダミー					0.014	──	0.013	──	0.012	──
Q3-3. 大学卒業時の成績								-0.012	*	-0.013	*
アルバイト	とても満足ダミー									-0.092	**
	やや満足ダミー									-0.089	**
	どちらとも言えないダミー									-0.075	**
	あまり満足していないダミー									-0.102	**
	まったく満足していないダミー									-0.074	
部・サークル活動	とても満足ダミー									-0.005	
	やや満足ダミー									-0.026	
	どちらとも言えないダミー									-0.003	
	あまり満足ダミー									-0.035	
	まったく満足していないダミー									-0.030	

※　n=1,253。**=0.01未満、*=0.01以上0.05未満　──=0.05以上（有意性なし）。

　「属性」と「大学時代の経験」の影響を考慮すると、3因子のうち「就職準備」へのなりやすさに対して直接効果を持つものはコンピテンシー（自己評価）因子のみであることがわかる（図表1-2-5の注3）。

コンピテンシー（自己評価）因子の行の影響度はマイナスで、「コンピテンシー（自己評価）因子が低い人ほど、大学卒業直後の進路が就職準備になる確率が上がる」ことが示されている。また、モデル1〜5のすべてで影響度、有意性とも、値がほとんど変化しないことから、その影響力の確からしさがうかがわれる。

3因子の「就職準備」への影響度の推定から、その他に注目される点として、次の2点がある。

第1点は、「大学卒業時の成績（Q3-3）が低い人ほど、大学卒業直後の進路が就職準備となる確率が上がる（影響度がマイナス）」。大学ランク（入試難易度）にかかわらず、つまりどの大学でもみられる傾向である。

第2点は、「アルバイト経験がない人は、大学卒業直後の進路が就職準備となる確率が上がる（アルバイトの4つの項目の影響度がいずれもマイナス）」。何らかの意味で就職活動に役立っているのか、アルバイト経験がある人のほうが「就職準備」になりにくいといえる。この傾向はアルバイトへの満足感にかかわらずみられるが、アルバイトに「まったく満足していない」人だけはあてはまらない。まったく満足できないアルバイトは経験しないのと同じということだろうか。

「就職準備」についてまとめると、
- コンピテンシー（自己評価）因子の低い人
- 大学卒業時の成績がよくない人
- アルバイト経験がない人

は「就職準備」になりやすい傾向がある。就職（キャリア）支援で特に配慮が必要な群といえるだろう。
- アルバイトの満足度
- 部・サークル活動経験および満足度

は「就職準備」との関係はない。

職業キャリア別

　職業キャリアのうち、現職の職種別・企業規模別、転職経験別でも、同様に線形確率モデルを用いて推定を行った（数表は省略）。

　職種別では、コンピテンシー（自己評価）因子は、営業系職種（営業・販売・サービス・保安）のほうが有意に高いが、リテラシー（自己評価）因子と授業科目の修得度（自己評価）因子は、職種間に有意な差がないという結果となった。

　コンピテンシー（自己評価）因子については、属性や大学時代の経験の影響を考慮したモデル3～モデル5を通じて、「コンピテンシー（自己評価）因子が高い人ほど営業系の職種に就く」傾向があることが確認できた。

　企業規模別では、コンピテンシー（自己評価）因子は大企業（従業員数1,000人以上）勤務のほうが有意に高く、リテラシー（自己評価）因子と授業科目の修得度（自己評価）因子については、有意差がみられないという結果となった。

　「コンピテンシー（自己評価）因子が高い人ほど、現在大企業に勤務していることが多い」のは見かけの関係ではなく、直接効果であることもわかった。属性や大学時代の経験の影響を考慮したモデル3～モデル5でも、プラスの直接効果が変わらないからである。

　さらに、リテラシー（自己評価）因子は、モデル2～モデル5では、「リテラシー（自己評価）因子が低い人ほど、大企業に勤務していることが多い」という関係性がみられた。直観的な予想と一致せず、解釈が難しい相関である。

　以上をまとめると、職業キャリアに影響を及ぼしているのは3因子のうちもっぱらコンピテンシー（自己評価）因子であり、これが高い人は
- 卒業直後に進路決定（就職または進学）している
- 現職は、営業系職種が多い
- 従業員数1,000人以上の大企業に勤めていることが多い

ということが推測できる。

2-3　仕事満足度やキャリア意識等の規定要因分析

　この節の目的は、Q10で尋ねた6項目の「仕事満足度とキャリア意識」すなわち大学教育のアウトカムが、何によって規定されるかを分析することにある。大学で身に付けた能力（Q11から抽出した3因子）、職業キャリア（Q8、Q9）を中心に、大学卒業時の成績、大学時代の経験（に対する満足度）、その他属性も加えて分析した。Q10の回答は5段階の回答（とてもあてはまる～まったくあてはまらない）を5点～1点として点数化している。

　数表は省き、結果概要を次の一覧表（図表1-2-9）にした。

図表1-2-9　「仕事満足度とキャリア意識」との相関

			Q10. 仕事満足度とキャリア意識					
			1 自主的な学び	2 職場での成長実感	3 仕事の意欲度	4 キャリア自律度	5 仕事の評価	6 仕事満足度
Q11 大学で身に付けた能力	コンピテンシー(自己評価)因子		+	+	+	+	+	+
	リテラシー(自己評価)因子							
	授業科目の修得度(自己評価)因子		+					+
Q3-3.大学卒業時の成績							+	
Q7.大学在学中の満足度	アルバイト				+	(?)	(?)	
	部・サークル活動							
Q8~Q9 職業キャリア	卒業直後の進路	就職準備				−		
		大学院進学				+		
	現職の業種	第二次産業	−			−		
		公務員				+		
	現職の職種	営業系						
	勤務先の企業規模	従業員数1,000人以上	+					
	転職経験あり		+		+	+		+
その他属性	大学ランク	入試偏差値45以上						
	大学での専門	理系	−		−			−
	出身高校タイプ	進学校			+		+	+
	性別	男性	+		+	+		+

※　Q10の各項目の具体的な設問文は第1章図表1-1-5または巻末付表3を参照。
※　＋は正の相関あり。−は負の相関あり。（?）は何らかの相関があるが解釈が難しいもの。空欄は相関なし。
※　見かけの相関は記載していない。
※　Q7以降の項目は、2-2節と同様に「ダミー変数化」したもの。

　以下ではまず、Q10-1～Q10-6の項目ごと（図表1-2-9の列方向）に注目される規定要因をみていく。その後、要因ごと（図表1-2-9の行方向）に「仕事満足度とキャリア意識」への影響度や特徴をまとめる。

Q10-1.「自主的な学び」の規定要因

自主的な学びの主な規定要因としては、コンピテンシー（自己評価）因子、授業科目の修得度（自己評価）因子、転職経験、性別が挙げられる。

コンピテンシー（自己評価）因子が高い人ほど、自主的な学びをしている。この影響度は、他の要因の影響を考慮しても変わらない。

授業科目の修得度（自己評価）因子も、高い人ほど自主的な学びをしている。大学ランクや専門にかかわらず、学生時代の正課の学びの成果（の自己評価）が社会人としての学びの積極性に接続していることが推測できる。

転職経験がある人は、ない人に比べ自主的な学びをしており、他の要因の影響を考慮しても変化はない。この関係性については、新たな職場では自主的な学びの必要性に直面しやすいとの解釈も、自主的な学びが活発な人ほど学びの成果を活かすことができる職場を求めて転職しがちとの解釈もできる。

男性は、自主的な学びが女性に比べて活発である。女性は、大学時代の学習には男性よりも熱心である（2-7節 Q4参照）にもかかわらず、社会人としての自主的な学びは低調となっている。なぜこのような逆転があるのかという問いに答えることは、この調査の範囲を超える。ただ、「学ぶ」場での女性の学習力が「働く」場である社会で活きていない現実を示唆し、その現実を変えるにはどうすればよいのかという発展的な問いを生み出す点で、重要な問いであることを指摘しておきたい。

Q10-2.「職場での成長実感」の規定要因

職場での成長実感の規定要因には、コンピテンシー（自己評価）因子、アルバイト満足度がある。

コンピテンシー（自己評価）因子が高い人ほど、成長実感を持っている。在学中のアルバイトに「とても満足」と答えた人は成長実感が高いというプラスの相関がみられる。いずれも、他の要因の影響を考慮しても有意であることから、直接の影響と考えられる。

Q10-3.「仕事の意欲度」の規定要因

仕事の意欲度の主な規定要因には、コンピテンシー（自己評価）因子、転

職経験がある。いずれも、他の要因の影響を考慮しても一貫して、意欲度を高める方向の影響を及ぼしている。

転職経験については、Q10-1で触れたのと同様、転職を契機に意欲が高まることもありうるし、意欲が高い人ほど転職しやすいということもありうる。

Q10-4.「キャリア自律度」の規定要因

キャリア自律度の主な規定要因には、コンピテンシー（自己評価）因子、卒業直後の進路、現職の業種、性別がある。

卒業直後の進路は、コンピテンシー（自己評価）因子その他の要素の影響を考慮してもなお、キャリア自律度に対して有意な影響を及ぼしている。すなわち、大学院進学者はキャリア自律度が高く、就職準備者はキャリア自律度が低い。キャリア自律度とは、自分のキャリア（どんな職に就くか、どんな職業上の経験を積むか、など）への「見通し」であり、自ら制御して見通しどおりに維持・向上できるかの「見積もり」ともいえる。その規定要因として、卒業時に「学ぶ」場から「働く」場へと移行するにあたり、進路をうまくコントロールできたか、それとも不本意に未就業期間ができてしまったかが大きく関係しているように思われる。

現職の業種との関連では、公務員が、キャリア自律度に対して有意にプラスとなっている。公務員としての身分保障が、将来のキャリアを見通せているという効力感に繋がっているのかもしれない。

他方で、データからは大企業従業員はキャリア自律度が高いかのような関係もある（見かけの関係のため一覧表には記していない）。コンピテンシー（自己評価）因子が高い人は大企業に勤めている場合が多く（2-2節参照）、かつ、キャリア自律度が高いために生じている、見かけの関係である。「大企業は身分が比較的安定しているので、公務員と同様にキャリア自律度が高まる」という解釈は成り立たない。

性別属性では、男性のキャリア自律度が高い。女性にとって働きづらい社会であり、キャリア形成が難しいことの表れと思われる。

Q10-5.「仕事の評価」の規定要因

　仕事の評価の主な規定要因は、コンピテンシー（自己評価）因子、大学卒業時の成績である。出身高校のタイプも影響がある。

　授業科目の修得度（自己評価）因子が影響していないにもかかわらず、大学成績が仕事評価に繋がっていることは、興味深い。反面、職業キャリア（卒業直後の進路、産業、職種、企業規模、転職経験）が仕事評価に対して直接効果を及ぼしていないことは、やや意外である。

Q10-6.「仕事満足度」の規定要因

　仕事満足度には、コンピテンシー（自己評価）因子、授業科目の修得度（自己評価）因子、転職経験、大学での専門（負の相関、つまり理系の人は仕事満足度が低い）、出身高校のタイプ、性別と、多くの規定要因がある。

　3因子のうちコンピテンシー（自己評価）因子に加え、授業科目の修得度（自己評価）因子も仕事満足度に影響を与えている。いずれも、他の要因の影響を考慮しても有意にプラスの相関がある。これはQ10-1〜Q10-5にはみられないことで、「仕事満足度」の特徴といえる。

　性別属性では、男性であることが有意にプラスに働いている。いくつかの要因の影響を考慮しても仕事満足度の男女差は残る。

規定要因別の特徴

　コンピテンシー（自己評価）因子は、「仕事満足度とキャリア意識」の6指標すべてに対して有意にプラスの影響を与えており、6指標すべてにおいて最も影響力の大きい規定要因となっている。また、職業キャリアや属性などの影響を考慮しても、プラスの影響と有意性は保たれる。他にこのような要因はなく、コンピテンシー（自己評価）因子の影響の大きさと有意性の高さがわかる。

　とはいえ、6指標いずれもコンピテンシー（自己評価）因子のみで規定されているわけではなく、また、直接効果が「ない」ことに注目すべき場合もありそうだ。要因別にみていこう。

《大学で身に付けた能力》

コンピテンシー（自己評価）因子の影響の大きさはすでに述べた。対照的にリテラシー（自己評価）因子は、「仕事満足度とキャリア意識」のいずれの指標にも直接には影響を与えていない。

授業科目の修得度（自己評価）因子は「自主的な学び」「仕事満足度」の2つに影響を与えている。

《学業成績》

大学卒業時の成績は、「仕事評価」のみに有意な直接効果を及ぼしている。性質が似ているように思える授業科目の修得度（自己評価）因子と違いが出ているのが興味深い。この点については第3章で再度検討する。

《在学中の満足度》

アルバイト満足度は、「とても満足」と答えた人の「職場での成長実感」が高いというプラスの相関がみられる。「キャリア自律度」「仕事満足度」にも何らかの影響があるとみることもできるが、5つの選択肢の両端である「とても満足」「まったく満足していない」のみにプラスの相関が表れるなど、解釈が難しい。

部・サークル活動満足度は、「仕事満足度とキャリア意識」のいずれの指標にも直接的な影響を与えていない。巷間には「サークル活動には人材育成力がある」「サークル活動をやりきった学生は、企業でも活躍できる」などサークル有用説があるが、今回の調査では有意な関連は出なかった。

《職業キャリア》

職業キャリアが「仕事満足度とキャリア意識」に及ぼしている影響のうち、注目されるのは、卒業直後の進路が就職準備だった人はキャリア自律度が低いという点である。これは他の要素の影響を考慮しても有意な影響であり、キャリア自律度の面では、大学卒業時点でキャリアの空白ができてしまったことのマイナスの影響が、少なくとも卒業後3年前後まで残っている様子がうかがわれる。

　卒業直後の進路が就職準備だった人には、この他、自主的な学びや仕事の意欲度にもマイナスの影響があるようにみえる。しかしこれは他の要因の影響を考慮すると消失する「見かけの関係」である。実態としては、コンピテンシー（自己評価）因子が低い人が就職準備になりやすく（2-2 節参照）、かつ、自主的な学び・仕事の意欲度が低いために、卒業直後の進路が就職準備であることが自主的な学び・仕事の意欲度に影響しているようにみえるにすぎない。

　現職の業種（産業）では、公務員が、キャリア自律度に対して有意にプラスとなっている。この他、現在第二次産業の業種にいる人は、自主的な学びが低調で、成長実感やキャリア自律度も低いという関連性が示されているが、解釈が困難である。

　現職の職種は、営業系と非営業系の 2 つに大別して分析したが、「仕事満足度とキャリア意識」とのどの指標でも有意な相関はみられなかった。

　現在の勤務先の企業規模については、他の要因の影響を考慮してもなお相関があると判断できたのは、大企業（従業員数 1,000 人以上）勤務の自主的な学びへの影響のみだった。それ以外は、大企業勤務にプラスの効果があるようにみえることがあっても、Q10-4 で言及したように、見かけの関係である。

　転職経験は、「仕事満足度とキャリア意識」の 6 指標中 4 指標に相関がある。転職経験がある人は、自主的な学びをしており、仕事の意欲度、キャリア自律度、仕事満足度が高い、ということになる。ただ、Q10-1、Q10-3 で触れたとおり、因果の方向は特定できない。転職を機にキャリア自律度や仕事満足度が高まっているのか、キャリア自律度や仕事満足度が高い人ほど転職経験を得やすいのか、いずれも現実的にありうるもので、どちらが正しいとはいえないし、両方ともが正しい可能性も大いにある。

《その他》

　大学ランク（入試偏差値）は、どの指標でも有意な相関はみられなかった。授業科目の修得度（自己評価）因子や大学卒業時の成績とは異なる傾向にある。

出身高校のタイプについては、進学校（ほとんどの生徒が4年制大学に進学）出身だと仕事の意欲度、仕事評価、仕事満足度の3指標が高いという結果が出ている。これについては「中学から大学を通した学業成績」の観点から第3章で再び検討する。

　性別については、女性に比べ男性は、自主的な学びをしており、仕事の意欲度、キャリア自律度、仕事満足度が高い。いずれも他の要因の影響を考慮しても残る男女差であることから、ジェンダーにかかわらず同じ程度の仕事満足を感じたり、キャリア意識を醸成したりできる働き方が実現できていないということが、示唆される。

2-4　大学3年次のPROGスコアと大学で身に付けた能力（自己評価）の関係

　この節では、大学3年次のコンピテンシー・リテラシー（客観指標であるPROGスコア）と、卒業後約3年の時点での、大学で身に付けた能力（自己評価）因子との関係を分析する。

　本節の分析は、大学3年次のPROGスコアを持つデータに限定したため、他の分析に比べ大幅にサンプルサイズが小さいことをお断りしておく。

　コンピテンシー（自己評価）因子は、PROGコンピテンシー総合スコアだけでなく、PROGコンピテンシー大分類・中分類スコアをもおおむね反映している。同様に、リテラシー（自己評価）因子はPROGリテラシー各項目スコアを、授業科目の修得度（自己評価）因子は、PROGコンピテンシー大分類・中分類およびリテラシー各項目のスコアを、おおむね反映している。このことを確認したうえで、大学3年次のコンピテンシーはPROGコンピテンシー総合スコアで、リテラシーはPROGリテラシー総合スコアで代表させて分析を進める。

　階層的重回帰分析を行っているが、ここでは数表を省き、「相関の有無」の結果のみをチャートで示す。

　大学3年次のコンピテンシーが高い人は卒業後のコンピテンシー（自己評価）も高いという相関がある（図表1-2-10）。両者間に直接の効果がある

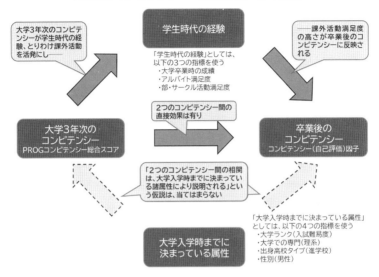

図表1-2-10 大学3年次のコンピテンシー（客観指標）と
卒業後のコンピテンシー（自己評価）との関係

大学3年次のコンピテンシーが学生時代の経験、とりわけ課外活動を活発にし

学生時代の経験

「学生時代の経験」としては、以下の3つの指標を使う
・大学卒業時の成績
・アルバイト満足度
・部・サークル活動満足度

—— 課外活動満足度の高さが卒業後のコンピテンシーに反映される

大学3年次の
コンピテンシー
PROGコンピテンシー総合スコア

2つのコンピテンシー間の直接効果は有り

卒業後の
コンピテンシー
コンピテンシー（自己評価）因子

「2つのコンピテンシー間の相関は、大学入学時までに決まっている諸属性により説明される」という仮説は、当てはまらない

大学入学時までに
決まっている属性

「大学入学時までに決まっている属性」としては、以下の4つの指標を使う
・大学ランク（入試難易度）
・大学での専門（理系）
・出身高校タイプ（進学校）
・性別（男性）

ほか、PROGコンピテンシー総合スコアが高い人は課外活動（アルバイト、部・サークル活動）の満足度が高く、それがコンピテンシー（自己評価）因子に反映される効果も加わっている。学生時代の経験を通して在学時代のコンピテンシーはさらに磨かれ、卒業後のコンピテンシー（自己評価）をより高めていると解釈できる。なお、入学時までに決まっている属性の効果は認められない。

　次に2つのリテラシー間の相関だが（図表1-2-11）、こちらは2つのコンピテンシーの関係とは異なり、大学入学時までに決まっている諸属性、とくに大学ランクの高さと専門分野が理系（医療・保健系含む）であることによって、ある程度説明される。平たく言えば、「大学ランクが高い人や専門分野が理系の人は、大学3年次のリテラシーが高く、卒業後のリテラシーも高い」ということになる。
　PROGリテラシー総合スコアが高い人は卒業時の成績が高く、卒業時の成績が高い人はリテラシー（自己評価）因子が高い、という関係がある。

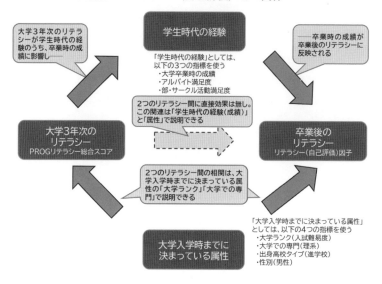

図表1-2-11 大学3年次のリテラシー（客観指標）と
卒業後のリテラシー（自己評価）との関係

つまり、2つのリテラシー間の関係は、「いずれも属性に影響されている」「学生時代の経験を介した関係である」と説明するのが適切で、「大学3年次のリテラシーが高ければ卒業後リテラシーも高い」と直接説明するような関係ではない。

　大学3年次のコンピテンシー・リテラシーと授業科目の修得度（自己評価）因子との関係も分析した。図表1-2-12は大学3年次のリテラシーと授業科目の修得度（卒業後の自己評価）との関係を示している。
　大学3年次のリテラシーが高い人は、授業科目の修得度（自己評価）が高いという相関がある。両者間に直接の効果があるほか、PROGリテラシー総合スコアが高い人は大学卒業時の成績がよく、そのことが卒業後に自己評価した授業科目の修得度を高めている効果もある。

図表1-2-12 大学3年次のリテラシー（客観指標）と
授業科目の修得度（卒業後の自己評価）との関係

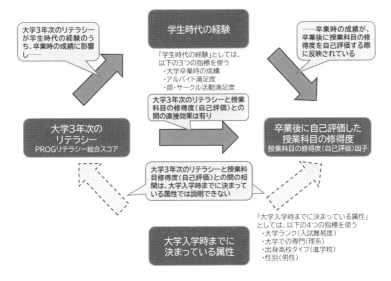

2-5　PROGスコア（大学3年次）が仕事満足度やキャリア意識に及ぼす影響 —— ジェネリックスキルは卒業後の将来を予測するか

　前節で、大学3年次のコンピテンシーは卒業後のコンピテンシー（自己評価）に反映されていることや、大学3年次のリテラシーは、卒業後のリテラシー（自己評価）には直接影響していないが、授業科目の修得度（卒業後の自己評価）には直接影響していること、そのほか学業成績を介しても卒業後に影響を与えていることがわかった。

　この節ではより詳しく、大学時代（3年次）のコンピテンシーとリテラシーが、どのような経路を経て卒業後の職業生活に影響しているかを、パス解析という手法を用いて探っていく。

　パス解析とは、複数の要素（変数）間の関係性を解明するための手法である。

　具体的な手順としては、「在学中のコンピテンシーが高いほど、将来の仕

事で評価を受ける可能性が高い」という図表1-2-13の仮説のもとに、在学中のコンピテンシーやリテラシー、卒業後のキャリア意識など変数間の関係（繋がり）はこうであろうというモデルを考え、仮のパス図を作る。

　それをベースに、変数を入れ替えるなどした複数のモデルを検証して、パス図内の関係（パス）それぞれの強さや有意性が高く論理的に説明可能なもの、かつ、モデル全体の適合度が高いものを探索し、最終的に採択したのが、図表1-2-15で示すモデルである（パス図の設計にあたっては、PorterとLawlerが提唱した期待理論のプロセスモデルを参考にした）。

図表1-2-13　卒業生調査の仮説（図表1-1-3 再掲）

在学中のコンピテンシーが高いほど、将来の仕事で評価を受ける可能性が高い

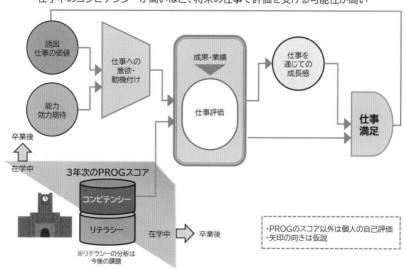

　採択した基準としては、モデルの筋道が明確で、矛盾がなく理解できることを第1条件とした。筋道が明確とは、PROGコンピテンシー総合スコア、リテラシー総合スコアと「仕事満足度とキャリア意識」Q10-1〜Q10-6との間のパスに何らかの解釈が可能である、因果の方向性が常識と一致している（図表1-2-14参照）、などをいう。

　PROGコンピテンシー総合スコアは、Q10-1〜Q10-6すべての指標と直接

的な相関がある（2-3節
参照）ので、すべてにパ
スを繋げることは可能で
ある。PROGコンピテン
シー総合スコアとQ10-
1〜Q10-6との間のパス
を増やすほど、適合度は
高くなるものの、モデル
自体は複雑になり、求め
たい構造は不明瞭になりやすい。

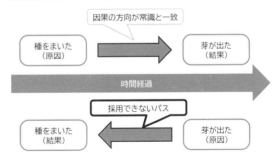

図表1-2-14　因果関係の解釈

　そこで、あえてコンピテンシー総合から出るパスを、仕事の評価とキャリ
ア自律度に繋がる2本に限定した。その結果、適合度はやや低いものの、図
表1-2-15のとおり、各経路の影響度（関連度）がおおむね0.3以上と高く、

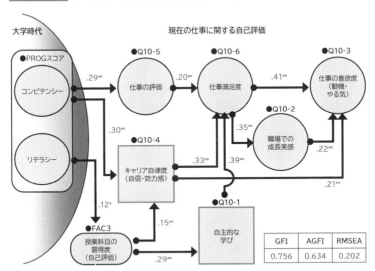

図表1-2-15　キャリアの成功構造（採択モデル）

※ 各経路に付けた数字は影響度（関連度）。
※ **＝1%有意、*＝5%有意。
※ 右下の3つの数字は、いずれもモデル全体の適合度を示す指標。GFIやAGFIは1に近いほど当てはまりがよい。AGFI
はGFIよりも小さい値をとり、0.9以上の値が望ましいとされている。RMSEAは小さいほど当てはまりがよく、0.05以下
が望ましいとされ、0.1以上は望ましくないとされている。
※Q10-1〜Q10-6の具体的な設問文は第1章図表1-1-5または巻末付表3を参照。

有意性も高い（1%有意）モデルを採用することができた。

　最終的に採択したモデルからは、在学中のコンピテンシーがさまざまな経路（パス）を通じて「仕事満足度とキャリア意識」に対して影響を及ぼしていることが表れている。また、在学中のリテラシーは授業科目の修得度（自己評価）因子を介してキャリア自律度や自主的な学びに影響を与えているが、その影響度は相対的に大きくはないこともわかる。

　詳しくみていくと、過去（大学時代）のPROGコンピテンシーの高低は、現在（卒業後）の「仕事評価」に影響する。

　同時にPROGコンピテンシーは、「キャリアや人生を自分で切り開いていける」という「キャリア自律度」とも関係している。

　「仕事評価」は「仕事満足度」に影響し、「仕事満足度」は直接、および「職場での成長実感」を通じて「仕事の意欲度」に影響する。

　過去（大学時代）のPROGリテラシーの高低が、直接現在（卒業後）の仕事のパフォーマンスに影響することはない。ただし、PROGリテラシーは、「授業科目の修得度（自己評価）因子」（大学時代の教養・専門を通じた学修経験の充実感・成功体験を示す）を媒介として、現在の「キャリア自律度」と「自主的な学び」（主体的学習意欲）に影響を及ぼす。

　「キャリア自律度」は「仕事満足度」と「仕事の意欲度」を高める。「自主的な学び」は「仕事満足度」を高める。

　さらに解釈を加えれば、以下のようになる。

　卒業生調査で回答する「仕事評価」は「今の仕事で評価されている」という気持ちである。それが「仕事満足度」を高めるのは当然だろう。しかし「仕事満足度」は「仕事評価」だけで決まるわけではない。職場の人間関係や、個人の資質・能力にも影響される。

　「キャリア自律度」と「自主的な学び」は、「仕事満足度」と比較的強く関係しており、この2つは"自律性"が高いという個人の資質・能力として働いていると考えられる。キャリアおよび能力開発において"自律性"の高い人は、「自分の評価や職場の人間関係がどうあれ、今の仕事に満足を覚えや

すい」ことが想定される。「キャリア自律度」から「仕事の意欲」へプラスの影響も認められ、自律度の高い人は仕事への取り組み姿勢も良好といえそうである。

　PROGリテラシー総合スコアが示す「論理的な思考力」の高低は、授業の成功体験（学修経験の充実感）に影響し、この成功体験が生む自信・効力感も、「キャリア自律度」や「自主的な学び」といった"自律性"の形成に関わっていると考えられる。

　「論理的な思考力」（PROGリテラシー総合スコア）が「仕事評価」と直接関係していないことは想像に難くない。実際に"学力"に代表されるような認知的能力（リテラシー）の高い人が、仕事のスピード感や、職場や顧客との関係性に悩み、成果をあげられない事例は枚挙にいとまがない。そのような場合、当然「評価されている」という実感値が高まることもないだろう。

　職場内では「論理的な思考力」が同程度の人が揃っているために、その部分では仕事評価の差がつきにくいということも考えられる。入社時に基礎的能力検査（SPI）や学校歴を重視する傾向があり、結果として総体的に現在の職場がリテラシーで輪切りになっているという仮説である。

　また、「論理的な思考力」は、プロジェクトをマネジメントするような立場になってこそ必要で、今回の卒業生調査の対象（卒後3年〜5年）では、まだ発揮能力として顕在化していないことも考えられる。

2-6　大学時代のさまざまな経験や満足度と身に付けた能力

　2-3節で「仕事満足度とキャリア意識」に対して、コンピテンシー（自己評価）因子が直接効果を持っていることを明らかにしたが、その際、部・サークル活動満足度、アルバイト満足度を除き、各種の熱心度（Q4）や学修経験（Q5）、卒論経験（Q6）やその他の満足度（Q7）の影響は考慮しなかった。もしコンピテンシー（自己評価）因子が、Q4〜Q7によって測定されているさまざまな経験や満足度の影響を受けているとすれば、大学時代のさまざまな経験や満足度が、コンピテンシー（自己評価）因子を介して、

仕事満足度やキャリア意識（Q10）に影響を及ぼしている可能性がある。

　そこでこの節では、大学時代のさまざまな経験（卒業生調査のQ4〜Q7）が、大学で身に付けた能力（Q11から抽出した3因子）にどのような影響を及ぼしているかを検討する。正課の授業だけでなく、サークルやアルバイトなど正課外の活動を含め、大学時代の経験の幅が広いほど、また、それらに熱心に取り組むほど、能力は高まるといえるだろうか。

大学時代の取り組み姿勢・熱心度と身に付けた能力

　Q4では、正課・正課外の双方から7つの項目を設定し、取り組み姿勢・熱心度を5段階で尋ねている。熱心度の高低は2群（「とても熱心」「やや熱心」を熱心度の高い群、「どちらともいえない」「あまり熱心でない」「まったく熱心でない」を低い群）に分け、「卒業論文」「部・サークル活動」「アルバイト」「就職活動」の4項目は「未経験」群を含む3群で分析を行っている。

　授業への熱心度は3因子ともに正の相関があるが、課外活動の熱心度は直接相関があるとはいえない、もしくは相関がないという結果となっている（図表1-2-16）。

図表1-2-16 **大学時代の取り組み姿勢・熱心度（Q4）と大学で身に付けた能力3因子（自己評価）との相関**

Q4↓　　　　Q11→		コンピテンシー（自己評価）因子	リテラシー（自己評価）因子	授業科目の修得度（自己評価）因子
大学時代の取り組み姿勢・熱心度	専門科目の講義	＋	＋	＋
	教養科目の講義	＋	＋	＋
	外国語の学習	＋	＋	＋
	卒業論文・卒業研究・専門分野のゼミ	＋	＋	＋
	部・サークル活動			
	アルバイト			ns
	就職活動		ns	ns

（以下、1-2-16〜1-2-19の4つの表に共通）
※空欄＝相関はあるが、直接的なものではない／ns＝相関が認められない
※以下の諸変数の影響を考慮した上で直接の相関があるもののみ＋－を表記している。
　大学卒業時の成績。Q7.大学在学中の満足度のうち、部・サークル活動、アルバイト。Q8、Q9.職業キャリアのうち、卒業直後の進路、現職の業種（産業）・職種・企業規模、転職経験。属性として、地域移動経験、大学ランク（入試難易度）、大学での専門、出身高校タイプ、性別

「卒業論文・卒業研究・専門分野のゼミ」の熱心度とコンピテンシー（自己評価）因子の相関の一部は、職業キャリアを介した間接関係の可能性がある。アルバイト熱心度がコンピテンシー（自己評価）因子に与える影響は、一見プラスだが、アルバイト満足度の影響を考慮したモデルではマイナスに転じる（図表1-2-16では空欄としている）。部・サークル活動およびアルバイトの経験が3因子に影響するのは「満足度」のほうで、ここで示す「熱心度」は直接の関係がない。

大学時代の学修経験・成長実感と身に付けた能力

　Q5は、学修経験や成長実感、学習スタイルに類する7つの設問群である。それぞれのことがらに「とてもあてはまる」〜「まったくあてはまらない」の5段階で尋ね、「あてはまる」「あてはまらない」の2群（「どちらともいえない」は「あてはまらない」群に含む）に分けて分析している。

　図表1-2-17では「授業についていけなかった（わからなかった）」のみマイナスの記号（負の相関）を表示しているが、否定文で尋ねているため、「あてはまる」とは学力（理解力）が低いということであり、コンピテンシー（自己評価）因子やリテラシー（自己評価）因子が低くなるという相関である。意味的には他の設問と異なる傾向を示しているわけではない。また、この設問の授業科目の修得度（自己評価）因子のみ空欄となっているが、大学成績などを介した間接の関係性はある。

図表1-2-17 大学時代の学修経験・成長実感（Q5）と
大学で身に付けた能力3因子（自己評価）との相関

Q11→　　　　　　　　　　　Q5↓	コンピテンシー（自己評価）因子	リテラシー（自己評価）因子	授業科目の修得度（自己評価）因子
授業中に自分から発言した	＋	＋	＋
授業についていけなかった(わからなかった)	－	－	
授業の内容について他の学生と議論した	＋	＋	＋
自主的な勉強会や研究会へ参加した	＋	＋	＋
教員に親近感を感じた	＋	＋	＋
大学の教職員に将来のキャリアの相談をした	＋	＋	＋
在学中を通じて自分は成長できたと実感できる	＋	＋	＋

卒業論文に感じている意義と身に付けた能力

　Q6では、多くの研究者によってすでに明らかにされている卒論の教育効果を、それによって身に付けた能力の社会での有用性という観点から掘り下げることを意図し、「卒業論文・卒業研究・専門分野のゼミ」に的を絞っている。この設問群は「卒業論文・卒業研究・専門分野のゼミ」を経験した人のみが回答しているが、大学で身に付けた能力との相関の分析は、未経験を含めて3群で行っている（図表1-2-18）。

　すべての要因（設問）が3因子に直接影響している。

　「専門教育の総仕上げ」とコンピテンシー（自己評価）因子との相関は、直接効果のほうが大きくはあるが、職業キャリアを介した間接的な影響もある。

図表1-2-18 卒業論文・卒業研究・専門分野のゼミについての意義（Q6）と
　　　　　　　大学で身に付けた能力3因子（自己評価）との相関

Q6↓ ／ Q11→	コンピテンシー (自己評価)因子	リテラシー (自己評価)因子	授業科目の修得度 (自己評価)因子
専門教育の総仕上げ	＋	＋	＋
教養的知識の必要性を知る経験	＋	＋	＋
色々な人と議論する経験	＋	＋	＋
自分の主張を分かりやすく伝える方法を学ぶ経験	＋	＋	＋
困難なことを最後までやり遂げる経験	＋	＋	＋
主体的な学習態度を養う経験	＋	＋	＋

大学在学中の満足度と身に付けた能力

　Q7では、Q4の7項目に「教員の授業のすすめ方」「友人関係」「学生生活全般（総合）」を加えた10項目について、5段階で満足度を尋ねている。「卒業論文・卒業研究・専門分野のゼミ」「部・サークル活動」「アルバイト」「就職活動」の4項目は未経験を含む3群の分析である（図表1-2-19）。

　全般的に、満足度が高いと3因子が高まる傾向があるが、例外として就職活動熱心度は直接の相関がない。卒論と部・サークル活動は他の要因の影響が認められず、直接効果のみで説明される。「部・サークル活動」と「アルバイト」は、熱心度は影響がなく、満足度のみが3因子のうちコンピテンシー（自己評価）とリテラシー（自己評価）の2つの因子に影響するという結果となっている。

図表1-2-19 大学在学中の満足度（Q7）と大学で身に付けた能力3因子
（自己評価）との相関

Q7↓	Q11→	コンピテンシー （自己評価）因子	リテラシー （自己評価）因子	授業科目の修得度 （自己評価）因子
大学在学中の満足度	専門科目の講義	+	+	+
	教養科目の講義	+	+	+
	外国語の学習	+	+	+
	卒業論文・卒業研究・専門分野のゼミ	+	+	+
	教員の授業のすすめ方	+	+	+
	部・サークル活動	+	+	+
	友人関係	+	+	+
	アルバイト	+	+	ns
	就職活動			ns
	学生生活全般について	+	+	+

　「大学時代のさまざまな経験や満足度（Q4〜Q7）」は、全般的に大学で身に付けた能力の3因子、特にコンピテンシー（自己評価）因子に、直接影響を与えていることがわかった。このことから、大学時代のさまざまな経験や満足度は、コンピテンシー（自己評価）因子を介して「仕事満足度とキャリア意識（Q10）」に間接的に影響を与えているという解釈が浮かび上がってくる。

　卒業から3年程度経過した時点での調査でこの結果が得られたことは、「大学時代のさまざまな経験と満足度」の影響力は、意外と長期的なものだということを示していると思われる。

2-7　大学時代の学修経験や満足度と基本属性との関係

　第2章の分析はいずれも、大学入学時までに決まっている基本属性の影響を考慮しつつ、「大学での教育や経験」と「仕事満足度やキャリア意識」の繋がりの有無や強さを検討している。この節では改めて、大学入学以前の属性が「大学での教育や経験」にどのように影響しているかを確認しておく。

　分析対象とするのは、大学入学時（まで）に決まっている属性として、大学ランク、大学での専門、出身高校のタイプ、性別の4項目である。

　大学ランクは、入試偏差値でABCの3段階に分け、ABとCの間で差異があるかを検証する。

大学での専門は、理系（医療・保健系を含む）とそれ以外に分ける。

　出身高校のタイプは、「ほとんど全員が4年制大学（短大や専門学校を含まない）に進学」する高校を「進学校」とし、それ以外の高校との差異を検討する。

　性別は「男性」と「それ以外」で、性別無回答者はサンプルから除外しているので、「それ以外」は「女性」を意味する。

　この4項目の、大学時代のさまざまな経験（卒業生調査のQ4〜Q7）との関係を検証する。

基本属性と大学時代の取り組み姿勢・熱心度

　図表1-2-20で、＋は「大学ランクが高ければ、外国語学習の熱心度が高い」という仮説が検証されたこと、−は「大学での専門が理系なら、外国語学習の熱心度が低い」という仮説が検証されたことを示す。ns は正負どちらの関係も見出せなかったことを示している。「多？」のように「？」をつけた箇所は、差異（傾向）はあるが実質的にはほぼ差がないことを示す。この読み方は図表1-2-20〜図表1-2-23に共通である。

　出身高校タイプは多くの熱心度に影響していない。性別は全般的にマイナスの影響を示しており、女性のほうが授業を含む大学生活全般に熱心である

図表1-2-20 基本属性と大学時代の取り組み姿勢・熱心度（Q4）との相関

属性→ Q4↓		大学ランク 入試偏差値45以上			大学での専門 理系			出身高校タイプ 進学校			性別 男性		
大学時代の取り組み姿勢・熱心度	専門科目の講義	ns			ns			+			−		
	教養科目の講義	+			ns			ns			−		
	外国語の学習	+			−			+			−		
	卒業論文・卒業研究・専門分野のゼミ	熱心	不熱心	未経験 多？	熱心 多	不熱心	未経験 少	ns			熱心 少	不熱心 多	未経験
	部・サークル活動	熱心 多	不熱心	未経験 少	熱心	不熱心	未経験 多	ns			ns		
	アルバイト	熱心 少	不熱心	未経験 少	熱心 少	不熱心 多	未経験 多	ns			熱心 少	不熱心 多	未経験 多
	就職活動	熱心 少？	不熱心 多？	未経験	ns			ns			ns		

※「専門科目の講義」「教養科目の講義」「外国語の学習」は分散分析。
　選択肢に「未経験」を含む4項目（「卒業論文・卒業研究・専門分野のゼミ」「部・サークル活動」「アルバイト」「就職活動」）はクロス集計分析。
※（以下1-2-20〜1-2-23の4つの表に共通）
　表が極端に横長になるのを避けるため、影響を「与える」基本属性を列（表頭）に、影響を「受ける」側の大学時代の経験等を行（表側）に配置している。前節までの表とは配置が異なるので注意されたい。

ことがうかがえる。これは「女子学生のほうが積極的（もしくは真面目）」
という漠然とした感覚にも合致しているだろう。

基本属性と大学時代の学修経験・成長実感

　図表1-2-21によると、大学ランクが高い群は、教員との関わりに消極的
にみえ、授業への参加態度も特に見るべきものはない。しかし在学中の成長
実感はプラスに出ている。成長実感を規定するのは学修経験ばかりではな
いということだろうか。理系で「授業についていけなかった（わからなかっ
た）」が多いのは、授業の専門性が高いということの表れと推測できる。Q
4、Q6、Q7では男女差が多々ある中、このQ5では性差がほとんどみられ
ないのも特徴的だ。

図表1-2-21 基本属性と大学時代の学修経験・成長実感（Q5）との相関

Q5↓ 属性→	大学ランク 入試偏差値 45以上	大学での専門 理系	出身高校タイプ 進学校	性別 男性
授業中に自分から発言した	ns	−	ns	ns
授業についていけなかった（わからなかった）	ns	+	−	ns
授業の内容について他の学生と議論した	+	+	+	ns
自主的な勉強会や研究会へ参加した	ns	ns	ns	ns
教員に親近感を感じた	−	+	ns	−
大学の教職員に将来のキャリアの相談をした	−	ns	ns	ns
在学中を通じて自分は成長できたと実感できる	+	ns	ns	ns

基本属性と卒業論文についての意義

　大学ランクが高いと卒業論文の意義を広く認めているようだ。理系でプラ
スの項目は「いかにも」という感があるが、進学校出身の相関が理系とほぼ
裏返しになっているのも興味深い。また、男性は女性に比べて卒論の意義を
あまり感じていないようだ（図表1-2-22）。

図表1-2-22 基本属性と卒業論文・卒業研究・専門分野のゼミについての意義（Q6）との相関

属性→ Q6↓	大学ランク 入試偏差値45以上	大学での専門 理系	出身高校タイプ 進学校	性別 男性
専門教育の総仕上げ	ns	+	ns	−
教養的知識の必要性を知る経験	+	ns	+	ns
色々な人と議論する経験	+	ns	ns	ns
自分の主張を分かりやすく伝える方法を学ぶ経験	+	+	ns	ns
困難なことを最後までやり遂げる経験	+	+	ns	ns
主体的な学習態度を養う経験	+	ns	+	

※「卒業論文・卒業研究・専門分野のゼミ」未経験者は除いている

基本属性と大学在学中の満足度

大学在学中の満足度との関連（図表1-2-23）では、大学ランクは授業科目を中心にプラスの影響が出ているものが多い、高校タイプは多くの項目に影響していない、性別は全体的にマイナス、など、熱心度（図表1-2-20）とほぼ同じ傾向にある。

出身高校タイプ・進学校では、数少ない「熱心度プラス」だった専門科目、外国語の学習が、満足度は相関なしという差異が出ている。しかし学生生活全般（および友人関係）の満足度は高い（プラスの相関）ので、「熱心に取

図表1-2-23 基本属性と大学在学中の満足度（Q7）との相関

	属性→ Q7↓	大学ランク 入試偏差値45以上	大学での専門 理系	出身高校タイプ 進学校	性別 男性
大学在学中の満足度	専門科目の講義	+	+	ns	−
	教養科目の講義	+	ns	ns	−
	外国語の学習	+	−	ns	−
	卒業論文・卒業研究・専門分野のゼミ	満足:多? ／ 不満足 ／ 未経験	満足:多 ／ 不満足 ／ 未経験:少	ns	満足:少 ／ 不満足 ／ 未経験:多
	教員の授業のすすめ方	ns	ns	ns	
	部・サークル活動	満足:多 ／ 不満足 ／ 未経験:少	満足:少 ／ 不満足:多 ／ 未経験:多	ns	ns
	友人関係	+	−	+	−
	アルバイト	満足 ／ 不満足 ／ 未経験	満足:少 ／ 不満足:多 ／ 未経験:多	ns	満足:少 ／ 不満足:多 ／ 未経験
	就職活動	満足 ／ 不満足 ／ 未経験:多?	ns	ns	ns
	学生生活全般について	+	ns	+	−

※「専門科目の講義」「教養科目の講義」「外国語の学習」「教員の授業の進め方」「友人関係」「学生生活全般について」は分散分析。選択肢に「未経験」を含む4項目（「卒業論文・卒業研究・専門分野のゼミ」「部・サークル活動」「アルバイト」「就職活動」）はクロス集計分析。

り組んだのに、満足できなくてがっかりだ」というほどでもなさそうだ。

　大学での専門・理系でプラス（満足度が高い）なのは、専門科目の講義と卒論、マイナス（満足度が低い、不満足が多い）なのは外国語の学習、部・サークル活動、友人関係、アルバイトとなっており、専門に沿った学びに満足を得た一方、「もっとそれ以外のこと（例えばサークル）も楽しみたかった」という気配もうかがえる。

まとめ

　第2章を通じて、大学で身に付ける力のうち、コンピテンシー（3年次、自己評価）の重要性が明らかになった。

　知見の1つとして、コンピテンシー（自己評価）が低い人は卒業時未就業（就職準備）になりやすいことがある。その影響は卒業直後にとどまらず、キャリア自律度の低さなどの形で長期間続くこともわかった。

　各節で得られた知見を重ね合わせると、正課の授業はもちろん、部・サークル活動、アルバイト、友人関係など、大学時代のさまざまな経験やその満足度が、コンピテンシー（自己評価）因子を介して「仕事満足度とキャリア意識」に間接的に影響を与えていることも確認できた。

　コンピテンシー（3年次）は、仕事満足度やキャリア意識にさまざまな経路で影響しており、ジェネリックスキル（PROGスコア）が卒業後の将来をある程度予測できる可能性が感じられる。

　一方、リテラシー（3年次、自己評価）はコンピテンシーとは異なり、「仕事満足度やキャリア意識」に対して明確に影響を与えているとはいえないことがわかった。リテラシー（自己評価）については、コンピテンシー（自己評価）と相関しているため、仕事満足度やキャリア意識との関連は、コンピテンシー（自己評価）により吸収されている。

　しかしだからといって、リテラシーが無用だとはいえない。大学で身に付けるリテラシーが活きるのは、大学院修了者の仕事に対してなのかもしれない。あるいは、20代前半で学部を卒業した者が仕事においてリテラシーを活用するのは30代に入ってから、ということも考えられる。この仮説につ

いては、第5章（5-3節）において、リテラシーのうち特に非言語処理力に焦点を当てながら詳述する。

　ジェネリックスキルとは別の観点で、今回の卒業生調査で目を引いたポイントとして、ジェンダーの問題をあげておく。

　大学時代の経験やその満足度（Q4～Q7）において、属性が男性であることは全般的にマイナスの影響を与えている。他方で、キャリア意識や仕事満足度（Q10）に対しては全般的にプラスなのである。

　つまり、女性は男性に比べて、熱心に学習に取り組むなど学生時代の経験は豊かであるにもかかわらず、社会人になると逆転して、男性のほうがキャリア自律度も仕事満足度も高くなっているのである。

　これは、「女性の学習力が活きる職場になっていない」ということかもしれないし、「女性のほうがキャリアの不確実性を感じやすく自律的には働けない社会になっている」ということかもしれない。

　データから言えることの一般化には慎重に臨む必要があるものの、ジェンダーを問わず同程度の満足感を獲得できる働き方が実現できていないことが示唆される。

　なお、2-3節や2-6節では、必ずしも詳細な分析過程を示してはいないが、属性（大学ランク、大学での専門、出身高校タイプ、性別）などをコントロールした重回帰分析を行っている。したがって、ここで得られた知見は属性などによる疑似相関に過ぎないという批判は当たらない。

　また、ここで得られた調査結果は、日本の若手大卒労働者一般に当てはまるものではない場合がある。第1章で示したとおり、今回の調査対象には地域、大学ランクなどいくつかの面で偏りがあるためだ。通説と異なる場合、「巷間の俗説が間違っていた」というより「当てはまらない事例が一定数見出された」という解釈のほうが適切と思われる。

第3章

中学、高校、大学時代の成績と
キャリア意識等の関連

　大学卒業時の成績と「仕事満足度とキャリア意識」との関係については、2-3節の分析で、Q10-5「仕事の評価」のみに直接効果を与えているという結果を得た。また、第2章のその他の分析においても大学卒業時の成績の影響は考慮している。この章では、学生時代の学業成績を中学から高校を経て大学までの範囲に広げ、その間の学業成績の推移が「仕事満足度とキャリア意識」とどう関係しているのかを分析する。

3-1　中学、高校タイプと学業成績からみた卒業生の類型化

〔手順の説明〕

中学3年から大学卒業までの学業成績の推移を、以下の手順で8つに類型化した。

① 　中学3年時の学校内成績を尋ねたQ3-1で「下のほう」「やや下」「真ん中くらい」と答えた者を「低群」、「やや上」「上のほう」と答えた者を「高群」に分類。

② 　出身高校のタイプを、ほとんど全員が4年制大学（短大や専門学校は含まない）に進学する高校（「進学校」）とその他（大学進学者がそれより少ない）の高校に分類。

　　高校についても3年時の学校内成績をQ3-2で尋ねているが、高校は中学とは性格が異なるため、学業成績を表す指標としてより相応しいQ2-2高校のタイプ（進学校か否か）を用いる。

③ 　大学卒業時の成績（Q3-3）を低群（「良くない」「どちらかといえば良くない」「どちらともいえない」）と高群（「どちらかといえば良い」「良い」）に分類。

　　学業成績の「良さ」の影響を明らかにしたいため、「真ん中くらい」

や「どちらともいえない」は低群に分類した。

④ 3指標の掛け合わせで8類型を作成（図表1-3-1）。

図表1-3-1 中学、高校タイプと学業成績から
みた卒業生の類型化

		中3	高校タイプ	大学卒業時
1	学業優秀型	高 ⟹	進 ⟹	高
2	準優等生型	高 ↘	他 ↗	高
3	大学努力型	低 ⟹	他 ↗	高
4	高校努力型	低 ↗	進 ⟹	高
5	大学失速型	高 ⟹	進 ↘	低
6	高校失速型	高 ↘	他 ⟹	低
7	準学業不振型	低 ↗	進 ↘	低
8	学業不振型	低 ⟹	他 ⟹	低

図表1-3-2 学業成績推移類型の分布

	人数
学業優秀型	189
準優等生型	188
大学努力型	225
高校努力型	101
大学失速型	131
高校失速型	118
準学業不振型	109
学業不振型	338
計	1,399

（%）
学業優秀型 13.5
準優等生型 13.4
大学努力型 16.1
高校努力型 7.2
大学失速型 9.4
高校失速型 8.4
準学業不振型 7.8
学業不振型 24.2

※「仕事満足度やキャリア意識」との関連で分析するため、「回答時点で30代以下、かつ、就業している人」に限定している。

「学業優秀型」などの名称は、以後の記述をわかりやすくするために仮に付したものである。回答者の8類型の分布は図表1-3-2のとおり。

「学業不振型」が最多ではあるが、これは「真ん中くらい」や「どちらともいえない」を低群に分類したためである。「ずっと学業不振」の者だけでなく、「ずっと成績中位」の者なども含まれている。「学業不振型」に次いで多いのが、中学3年時が低群（成績中位を含む）、高校は「進学校以外」ながら、大学卒業時の成績が高群の「大学努力型」である。

3-2 中学から大学を通した学業成績とキャリア意識等

8類型別にQ10「仕事満足度とキャリア意識」の6指標の平均値を算出したのが図表1-3-3である。

6指標ともに類型別の平均値の差は出ているが、平均値の差の検定の結果、

その差が有意である（類型の違いが関連した差と考えられる）のはQ10-4
〜Q10-6の3指標のみだった。グラフの＊は5％有意、＊＊は1％有意を示し
ている。有意性の値がキャリア自律度および仕事満足度よりも小さい仕事評
価は、類型ごとの差が関連している確率がより高いことが示されている。
　以下、有意性が確認できた3指標について少し詳しくみていく。

図表1-3-3 学業成績推移の類型別「仕事満足度とキャリア意識」各指標の平均値

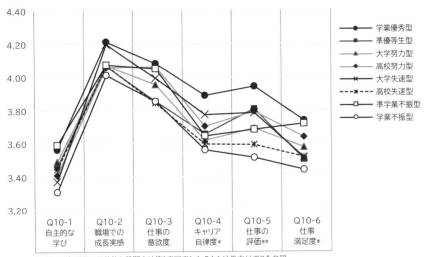

※Q10の各項目の具体的な設問文は第1章図表1-1-5または巻末付表3を参照。
※＊＝5％有意、＊＊＝1％有意。

Q10-4.「キャリア自律度」と学業成績推移の関係

　Q10-4は、「これからのキャリアや人生を自分で切り開いていける」とい
う設問文に対し「とてもそう思う」〜「まったくそう思わない」の5段階で
答えるもので、「学業優秀型」は（「学業不振型」と比べて）「そう思う」度
合いが平均的に高い、すなわちキャリア自律度が高い。

　「学業優秀型」の、「これからのキャリアや人生を自分で切り開いていけ
る」と感じる傾向について、他の要因の影響を考慮して分析すると、この
キャリア自律度に対する正の効果は、直接効果ではなくコンピテンシー（自

己評価）因子を介したものであると考えられる（図表1-3-4）。

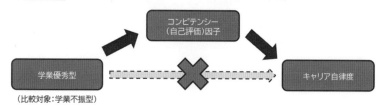

図表1-3-4 学業成績推移類型とキャリア自律度との関係

中学から大学まで一貫して学業成績が高群であると、コンピテンシー（自己評価）因子が高まり、コンピテンシー（自己評価）因子の高さがキャリア自律度にプラスの影響を与えるという関係（媒介関係）になっている。

念のためにいえば、コンピテンシー（自己評価）因子が、学業成績推移の類型（「学業優秀型」）、キャリア自律度の双方に影響を与えているという「疑似相関仮説」は当てはまらない。コンピテンシー（自己評価）因子は、大学で身に付いたと思う能力を卒業生調査の時点で自己評価したものなので、時間の順序関係からいって、中学から大学までの学業成績推移の類型に影響を与えることはないからである。

Q10-5.「仕事の評価」と学業成績推移の関係

Q10-5の設問文「現在の職場で評価されている」に対する回答から、学業不振型と比べて「学業優秀型」「準優等生型」「高校努力型」「大学失速型」が、現在の職場で評価されていると感じる傾向にある。

学業成績推移の類型は、大学卒業後の職業キャリア（卒業直後の進路、現職の業種・職種・企業規模、転職経験）にかかわらず、仕事評価に直接的に影響を及ぼしている。コンピテンシー（自己評価）因子を介した影響もあるがその度合いは小さく、直接効果のほうが大きい（図表1-3-5）。

「大学努力型」と「高校失速型」と「準学業不振型」は、仕事評価について「学業不振型」との差がないということも興味深い。この3者の共通点は、「中学・高校・大学という3つの教育段階のうち、ある1つの教育段階だけ、良い成果を収めている」ということである。ある1つの教育段階だけ良い成

図表1-3-5 学業成績推移類型と仕事の評価との関係

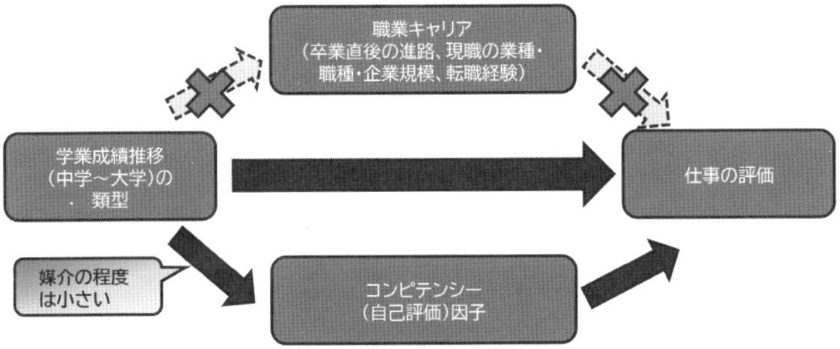

果を収めたとしても、現在の職場で評価されていると思えるかどうかという点においては、「学業不振型」（3つの教育段階いずれでも良い成果はない）と同等だと解釈できる。

　「学業優秀型」「準優等生型」「高校努力型」「大学失速型」の仕事評価が（「学業不振型」に比べて）高い傾向は、第2章（2-5節）において「PROGリテラシーは仕事評価に繋がっていない」という分析結果を示し、その解釈として「"学力"に代表されるような認知的能力（リテラシー）の高い人が、仕事のスピード感や、職場や顧客との関係性に悩み、成果をあげられない事例は枚挙にいとまがない」と述べたことと矛盾するように思える。この点について、今回の卒業生調査から得られる知見の範囲を多少逸脱するきらいはあるが、多数の先行研究を参考に試論を加えたい。
　学業成績推移の類型と仕事評価との間には、以下で示すようにリテラシーとは別の要因が関わっていると考えられる。

　関係する学業成績推移類型と、「仕事の評価」への影響度を図示すると、図表1-3-6のようになる。中・高・大と3つの教育段階で、連続して良い成果を収めている「①学業優秀型」の影響度だけが、他の3類型パターンに比べわずかながら高い値を示していることがわかる。
　①と②③④の影響度の違いをリテラシー（論理的思考力）の違いによるものだと仮定すると、リテラシー（論理的思考力）は積み上げ式に発達するの

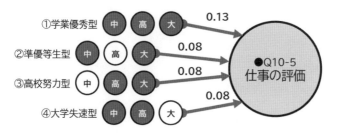

図表1-3-6 仕事の評価に対する影響度の違い

①学業優秀型 （中）（高）（大） 0.13
②準優等生型 （中）（高）（大） 0.08
③高校努力型 （中）（高）（大） 0.08
④大学失速型 （中）（高）（大） 0.08

●Q10-5 仕事の評価

※灰色の丸はその時期の成績が「高群」であることを示す。ただし高校については「進学校」に在籍したことを示す。
※矢印の上の数字は偏回帰係数（値が大きいほど影響度も大）

で、その効果も中学＜高校＜大学と大きくなることが予想される。しかし、②③④に差がない（特に④が③と同じ程度の影響しかない）ことから、「①と②③④の影響度の違いはリテラシー（論理的思考力）の違いによるもの」というこの仮定は誤りと考えられる。

すなわち、①の影響だけが強いのは、リテラシーとは別の要因と考えるほうが妥当であろう。別の要因として最も有力な仮説は、「肯定的な自己概念」の安定性だと考えられる。

「自分は勉強ができる／できない」という、学業に関する自己概念（学業的自己概念）と実際の学業能力との間に正の関係性があることは、多くの研究が示している。関係性の強さについては研究によって異なるが、おおまかにいえば、「成績がいい人は、『自分は成績がいい』と思っている（ことが多い）」という、ある種当然のことといってもいいだろう。次の問題は、「成績がいいと『自分は成績がいい』と思うようになる」のか、「『自分は成績がいい』と思っていると実際に成績もよくなる」のかという、関係の方向性だ。これについてもさまざまな研究があり、実際の学業成績が学業的自己概念に及ぼす影響のほうが、逆の方向の影響よりも強いことが見出されている。

中学校から大学卒業まで、ずっと学業優秀であれば、学業的自己概念は「自分は人より勉強ができる」という肯定的なものとして明確になっているだろう。対して、どこかの時点で低迷期を経験した人は、「やればできる」といった効力感はあるとしても、肯定的自己概念については①よりも不明確

なことが予想される。

　自己概念と自尊感情の関係については、「自尊感情の低い人は、自己概念が不明確である」とした研究がある。「自尊感情の低い人は自己概念が不明確」といえるなら、「自己概念が明確な人は自尊感情が高い」といってよいことになる（図表1-3-7）。

図表1-3-7　自己概念と自尊感情の関係

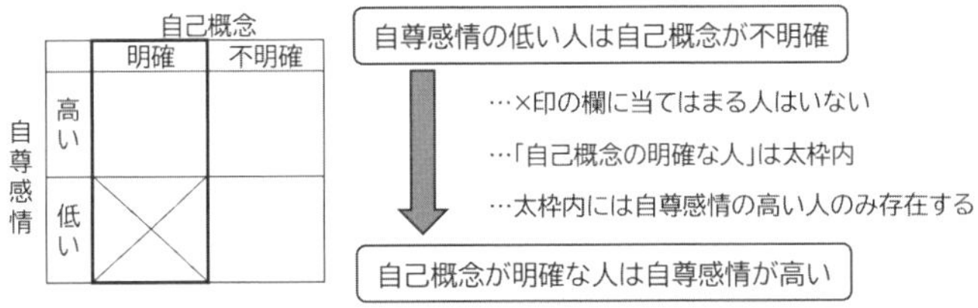

　「自尊感情」は、実際には自己評価とほとんど区別なく用いられ、「自尊感情が高い」は「自分自身を（高く）評価する気持ち」と説明されることもある。学業成績推移の類型に当てはめれば、中学校からずっと成績優秀できた①の人は、自己概念が明確だから、青年期に至るどこか一時期に思い通りにいかなかった②③④の人たちに比べ、自分を評価する気持ちがより強いことになる。①の人がQ10-4に回答する際に、職場での実態の評価はどうあれ自己評価を高めに見積もって答えていることが考えられる（図表1-3-8）。

図表1-3-8　仕事の評価（自己評価）を高める要因

　自尊感情の高さが仕事の評価に影響しているとすると、「大学努力型、高校失速型、準学業不振型の3つは、仕事評価について学業不振型との差がな

い」という発見に、「中・高・大のうち1つの時期だけ良い成果を収めても、自尊感情は高まらない」という解釈を加えることもできそうである。

　学力そのものではなく、「自分は勉強ができる」という肯定的自己概念の安定が、仕事評価（自己評価）を高め、ひいては仕事のパフォーマンス全般に影響するとすれば、PROG測定後のフィードバックの意味づけがより明確になる。リテラシーにしてもコンピテンシーにしても、客観的な本人の強みを自覚し納得することができれば、肯定的な自己概念の獲得が促進され（自尊感情が高まり）、自己評価を高めに見積もる傾向が強まることが予想される。

　過去に教科学力では評価されなかった学生に対して、PROGスコア（主にコンピテンシー）という別の尺度で能力を評価することの重要性は、将来のキャリア自律の面からも大きいといえよう。

Q10-6.「仕事満足度」と学業成績推移の関係
　「学業不振型」と比べて「学業優秀型」「高校努力型」「準学業不振型」の3類型が、「現在の職場での仕事に対する満足度」が高い傾向にある。

　「準学業不振型」の正の効果は、他の要因の影響を考慮しても残り続ける直接的なものである。「高校は進学校、中学3年時および大学卒業時の成績は低調」というこの類型の仕事満足度の高さにどのような意味があるのか、解釈が困難である。

　一方、「学業優秀型」および「高校努力型」の仕事満足度の高さについては次のような解釈が成り立つ。他の要因の影響を考慮して分析すると、学業成績推移類型の正の効果は、直接効果ではなくコンピテンシー（自己評価）因子や授業科目の修得度（自己評価）因子を介したものであると考えられる。特にコンピテンシー（自己評価）因子を介している程度が大きい。「学業優秀型」および「高校努力型」のコンピテンシー（自己評価）因子は高く、コンピテンシー（自己評価）因子が高いと仕事満足度が高まる、という関係に

ある（図表1-3-9）。

　仕事満足度でみる限り、中学3年時における成績の低迷は、高校タイプや大学卒業時の高成績によってカバーできるようだ。

図表1-3-9 学業成績推移類型と仕事満足度との関係

第4章

卒業生の地域移動とキャリア意識等

　この章では、卒業生の地域移動と「仕事満足度とキャリア意識」との関係について分析する。

　近年、特に地方（三大都市圏以外）の大学には、地域活性化に寄与することが求められ、「地域が求める人材の養成」が課題となってきた。文部科学省がCOC＋、COC＋Rなどの事業で「地元就職者数（率）」のアップを事業目標の1つに設定し、地域人材（地方創生人材）の育成を強く求めてきたことも背景にある。「卒業したら地元（大学の所在地域）に就職してほしいが、地域人材育成が上手くできていなくて、優秀な学生ほど都市に流出してしまう」という課題感を持つ大学および地域は少なくない。

　こうした大学は、以下のような仮説（あるいは疑念）を持っている。優秀かつ意欲的な学生は三大都市圏に出てしまい、地元に残って就職した若者は、キャリア意識や成長意欲に乏しいのではないか。そのような人ばかりが残るから、よけいに地域人材の活性化も地域の活性化自体も上手くいかないのではないか。あるいは、活性化が求められるということは、この地域が沈滞しているということにほかならず、仕事満足度なども三大都市圏に比べて低いために、卒業生が定着しないのではないか。

　しかしこれらは地域人材育成に悩む大学の「気分」にすぎないのかもしれない。検証されていない仮説に基づく地域人材育成施策（教育方針）は的外れなものとなってしまう危険もある。そこで「地方高校卒→地方大学卒→地方企業就職」の群と、「地方高校卒→地方大学卒→三大都市圏企業就職」の群とを比較分析し、これらの仮説の検証を試みた。

4-1　地域移動の類型化

〔手順の説明〕

卒業生の地域移動を、以下の手順で8つに類型化した。

① 出身高校の所在地を尋ねたQ2-1で、無回答の者は除き、三大都市圏とそれ以外（「地方」）に分類。

② 出身大学所在地を三大都市圏と地方に分類。

③ 現在の住まい（Q1-3）を三大都市圏と地方に分類。

④ 上の3指標を掛け合わせて8類型を作成（図表1-4-1）。

⑤ 7と8の2類型を含む「その他」はレアケース（n=16）であるためサンプルから除外し、実質的解釈が可能な6類型を使用。

回答者の6類型の分布は図表1-4-2のとおりである。

図表1-4-1 地域移動からみた卒業生の類型化

		高校		大学		現在
1	三大都市圏滞留	都	●	都	●	都
2	地方滞留	地	●	地	●	地
3	進学時に都市流出	地	⇒	都	●	都
4	就職時に都市流出	地	●	地	⇒	都
5	Uターン	地	⇒	都	⇒	地
6	Iターン	都	●	都	⇒	地
7	その他	都	⇒	地	⇒	都
8		都	⇒	地	●	地

図表1-4-2 地域移動類型の分布

	人数
三大都市圏滞留	608
地方滞留	263
進学時に都市流出	131
就職時に都市流出	46
Uターン	158
Iターン	31
計	1,237

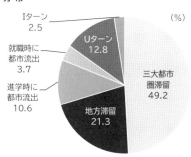

（％）
- Iターン 2.5
- Uターン 12.8
- 就職時に都市流出 3.7
- 進学時に都市流出 10.6
- 三大都市圏滞留 49.2
- 地方滞留 21.3

※「仕事満足度やキャリア意識」との関連で分析するため「回答時点で30代以下、かつ、就業している人」に限定している。

「キャリア自律度」以外の5指標で、有意な差がみられた（図表1-4-3）。「就職時に都市流出」が、「職場での成長実感」「仕事の意欲度」「仕事の評価」「仕事満足度」で最小値（「キャリア自律度」でも最小値だが、この差は有意ではない）となるなど、全体的に低めの値をとっている。次いで低いのが「地方滞留」で、6指標ともに全体平均を下回っている。

図表1-4-3 地域移動6類型別・「仕事満足度とキャリア意識」各指標の平均値

	Q10-1 自主的な学び*	Q10-2 職場での 成長実感*	Q10-3 仕事の意欲度**	Q10-4 キャリア自律度	Q10-5 仕事の評価**	Q10-6 仕事満足度**
三大都市圏滞留	3.52	4.11	4.00	3.67	3.78	3.57
地方滞留	3.25	3.96	3.77	3.52	3.56	3.43
進学時に都市流出	3.46	4.21	4.01	3.73	3.77	3.64
就職時に都市流出	3.22	3.91	3.44	3.43	3.28	3.02
Uターン	3.39	4.15	3.92	3.75	3.68	3.56
Iターン	3.19	4.03	3.94	3.58	3.61	3.71
全体	3.42	4.08	3.94	3.64	3.71	3.53

※Q10の各項目の具体的な設問文は第1章図表1-1-5または巻末付表3を参照。
※**＝1%水準で有意　*＝5%水準で有意
※有意差がある設問について：　　　＝最小値　　　　＝最大値

　大学における地域人材育成の観点から注目したいのは「地方滞留」「就職時に都市流出」の2類型の特性および比較なので、以後はこの2類型について分析する。2類型でサンプルサイズにかなりの差があり、全体のサンプルサイズも十分でないため、分析には限界があることをお断りしておく。
　まず大学で身に付けた能力、職業キャリア（卒業直後の進路、現職の業種・職種・企業規模、転職経験）、その他属性の面から、2類型を比較してみる。

《大学で身に付けた能力》
　コンピテンシー、リテラシー、授業科目の修得度（Q11から抽出した3つの自己評価因子）に有意差はみられない。
　「地方滞留」「就職時に都市流出」の間に大学で身に付けた能力の差はなく、「優秀だから」都市に流出するとか地方に留まるとかいった差はみられない。

《**職業キャリア**》

「就職時に都市流出」は、「地方滞留」に比べ、以下の特徴がある。

- 職種は非営業系（事務職、専門職・技術職）が多い（「地方滞留」でも66.9％を占めるが、「就職時に都市流出」は87.0％とさらに多い）
- 大企業（従業員数1,000人以上）に勤めている人が多い
- 第三次産業就業者が多い
- 公務員が少ない

（ただし現職の業種に関わるこの2項目については有意な差ではなく、そのような「傾向がある」ものの、「就職時都市流出者の特徴」とまでは言い切れない）

転職経験については、有意な差はない。

《**その他属性**》

大学ランク（入試偏差値）については、有意差はない。

「就職時に都市流出」の、「地方滞留」と比較した特徴として、大学での専門は理系が多い。性別では男性が多い。

4-2　地域人材育成をキャリア意識等の指標で分析

「地方滞留」「就職時に都市流出」の2類型のQ10「仕事満足度とキャリア意識」の6指標の平均値を比較したのが図表1-4-4である。

全体的に、「地方滞留」が「就職時に都市流出」より高い値だが、有意な差がみられる（この差が地域移動類型の影響を受けていると考えられる）のが「仕事満足度」である。また、平均値の差が仕事満足度に次いで大きい「仕事の意欲度」は、10％有意であった。有意水準の数字が小さいほど類型の違いが各指標に関連している確率が高いので、仕事満足度も仕事の意欲度も、1％有意に比べると「地域移動類型との関連はないかもしれない」ということになる。

この有意差は、地方滞留者は公務員が多く、公務員の仕事満足度・仕事の

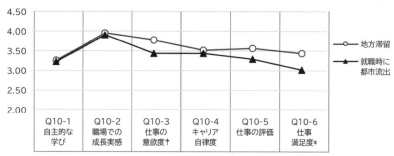

図表1-4-4 「地方滞留」「就職時に都市流出」の2類型
「仕事満足度とキャリア意識」各指標の平均値

凡例:
- ○ 地方滞留
- ▲ 就職時に都市流出

※＊＝5％水準で有意　†＝10％水準で有意

意欲度が高いことにより、ある程度説明できると思われる。

　そこで、「地方滞留」者を公務員（22人）とそれ以外（241人）とに分けて、就職時地方流出者（46人全員が「公務員以外」）を含む三者で、再びQ10「仕事満足度とキャリア意識」の6指標の平均値を比較してみた（図表1-4-5）。

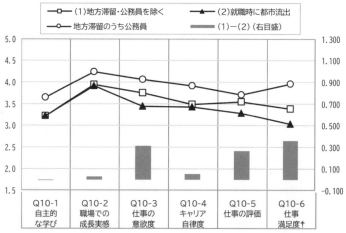

図表1-4-5 「地方滞留」者から「公務員」を分けたときの
「仕事満足度とキャリア意識」各指標の平均値

凡例:
- ─□─ (1)地方滞留・公務員を除く
- ─▲─ (2)就職時に都市流出
- ─○─ 地方滞留のうち公務員
- ▬ (1)－(2)（右目盛）

※†＝10％水準で有意

　地方に留まって公務員となる人の値が全般に高く、これが「地方滞留」全体の平均値を引き上げていると考えられる。

　ただし、公務員を除いて集計しても「地方滞留」が「就職時に都市流出」より「仕事満足度とキャリア意識」がやや高い傾向は変わらない（ただし、「仕事満足度」が5％有意→10％有意のように、差異の有意性はやや下がる）。

　現職の企業規模別にみると、「大企業（従業員数1,000人以上）」では仕事満足度、「中小企業（1,000人未満）」では仕事評価で、地方滞留者が就職時都市流出者を上回る差異が特徴的に表れた。

　個人の属性別にみても、地方滞留者のほうが、就職時都市流出者よりも「仕事満足度とキャリア意識」が全般に高い。特に「大学の専門・理系」の仕事満足度、「性別・男性」の仕事評価、「性別・女性」の仕事満足度に差が表れる。

　「自律的な学生は都市に流出してしまい、地方に残るのは意欲の低い者ばかり」といったイメージは、このデータでは裏付けられなかった。むしろ地方滞留者は就職後、仕事満足度が高い、現在の職場で評価されている実感を持っている、仕事に意欲的に取り組んでいる、など、就職時都市流出者に比べてより仕事に充実感を持って働いている様子がうかがえる。

　仕事満足度は、仕事そのものから得られるだけではなく、個人の資質・能力や周囲の人間関係も関わっていることは、すでに2-5節で述べたとおりである。したがって、（おそらく多くは自ら望んで）地方で暮らすこと自体が総合的に仕事満足度をも高めていることは、想像に難くない。

4-3　地方滞留者の詳細分析

　大学における地域人材育成の課題を明らかにする観点から、2-5節で「仕事満足度とキャリア意識」にさまざまな形でプラスの影響を与えていることがわかった「大学3年次のコンピテンシー」について、「地方滞留」「就職時に都市流出」の2類型の特性を分析する。

前節と同じく地方滞留者は公務員とそれ以外を分け、就職時地方流出者（全員が「公務員以外」）を含め、大学3年次コンピテンシー（PROGスコア）を比較したのが図表1-4-6である。

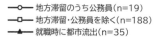

図表1-4-6 「地方滞留」者から「公務員」を分けたときの
大学3年次コンピテンシー（PROGスコア）の平均値

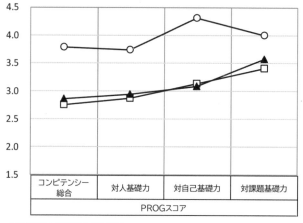

（この節の5つのグラフに共通の注）
※大学3年次のコンピテンシースコアが得られるものに限っているため、サンプルサイズは小さい。

　コンピテンシー総合スコア、対人・対自己・対課題の大分類のスコアともに、地方滞留・公務員のコンピテンシーの高さがうかがえる。
　グラフにはまた、公務員を除くと「地方滞留」と「就職時に都市流出」とのコンピテンシー（大学3年次）に大きな差がないことも表れている。

　しかし、以下のように職業キャリア別や属性別に集計すると、全般的に就職時都市流出者のほうが、コンピテンシーがやや高い傾向にあるようだということがみえてくる。大学での専門が理系、現在の勤務先が中小企業（従業員数1,000人未満）、性別が女性、といった場合である（図表1-4-7）。

図表1-4-7 就職時都市流出者の大学3年次コンピテンシーが
地方滞留者よりやや高い

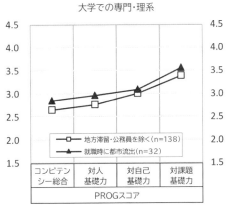

大学での専門・理系

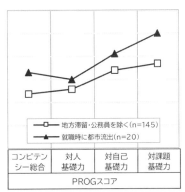

企業規模・中小企業(従業員数1,000人未満)

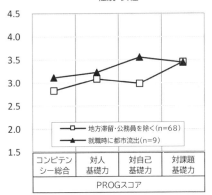

性別・女性

　一方、大企業や第三次産業では、次頁のグラフのとおり「地方滞留」のコンピテンシーが上回る傾向がみられる（図表1-4-8）。

　いずれも平均値の差は有意ではなく、検定結果に裏付けられているわけではないが、興味深い傾向である。

　以上より、大学3年次コンピテンシーは、一般には、就職時都市流出者のほうが高い傾向にあるが、公務員や大企業など、その地域の難関、もしくは人気職業に就職する人のコンピテンシー水準は逆に高いといえそうである。

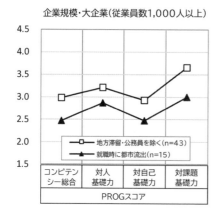

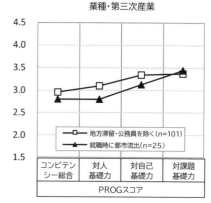

図表1-4-8 地方滞留者の大学3年次コンピテンシーが
就職時都市流出者よりやや高い

企業規模・大企業（従業員数1,000人以上）

業種・第三次産業

地方滞留・公務員を除く(n=43)
就職時に都市流出(n=15)

地方滞留・公務員を除く(n=101)
就職時に都市流出(n=25)

コンピテン
シー総合　対人
基礎力　対自己
基礎力　対課題
基礎力
PROGスコア

コンピテン
シー総合　対人
基礎力　対自己
基礎力　対課題
基礎力
PROGスコア

　つまり、地方に留まって就職した卒業生は、三大都市圏に流出した者に比べて能力（コンピテンシー）においても劣っているとは必ずしもいえない。

　最近の若年は「地元志向が強い」といわれることが多い。「地方滞留」のうち地元にずっと留まっている者は、この地元志向が充足していることも仕事満足度を高め、仕事満足が仕事の意欲度に繋がって、個人の職業生活にポジティブに影響していると思われる。

　地元志向の充足とは、地元で納得のいく就職ができるということである。地域で活躍できる人材の育成も重要だが、同時に、育成した人材が地域で活躍できる雇用の拡大が重要なのだ。ここで「雇用の拡大」とは、単に量的な雇用増ではなく、働き方の質が卒業生の志向に合うような雇用が広がり、「地元なら何でもいい」ではなく、「納得のいく」就職ができるようになることを指す。そのような雇用の改善は、高校・大学生活を送った地元で就職し、働き続けたいという学生の志向を充足させるだけでなく、異なる地方でのキャリアパスを描く学生にも現実的な選択肢を提供するだろう。地方滞留者の職業キャリアや属性の特徴からは、地方には第三次産業や大企業、理系の専門性を活かせる職場が少なく、「公務員でもっている」という雇用側の実

状もみえている。

　ただ雇用拡大は、大学ではなく地域の産業界の問題である。産学連携のさまざまな取り組みが多少寄与するとしても、実際の雇用となると大学の関与はかなり限られる。

　地方創生について大学が関与できる・関与すべき領域は地域人材の育成・キャリア開発支援であり、その観点で課題となるのはコンピテンシー育成である。

　コンピテンシーが高まれば「仕事満足度とキャリア意識」も高まることが期待できる。また念のために言えば、コンピテンシーを高めることが都市への流出に繋がるわけではない。コンピテンシーの低い人ばかりが地方に滞留しているわけではないことはデータに示されている。

　「地元志向の充足」と「能力（コンピテンシー）伸長」が揃えば、地方滞留者にさらに高いパフォーマンスが期待できる。

　この章のしめくくりとして、地方滞留者のコンピテンシー育成に、具体的にどんなプログラムが有効かを例示しておきたい。

　地方滞留者の中で平均的にコンピテンシーの高い大企業勤務者（43人）と中小企業勤務者（145人）とを、学業成績（Ｑ３）と大学時代の経験（Ｑ４〜Ｑ７）について比較すると、必ずしも有意ではないが次のような差異がみられた（詳しい数値は誌面の都合で割愛する）。

　―学業成績は中小企業勤務者のほうが高い（大学卒業時については有意）

　―授業への取り組みの積極性も中小企業勤務者が全般的に高い

　―大企業勤務者のほうが高いのは、部・サークル活動、友人関係、大学生活全般の３つの満足度。友人関係満足度の差は有意

　これらを総合的に判断して、正課の授業科目よりもむしろ、友人を含め豊かな人間関係を築くことができたか、目標に向かって努力した結果などから充実感・満足感を獲得できたか、などの点で差異があると思われ、ここがコンピテンシー育成のポイントとなるのではないだろうか。

　目標に向かって努力し、充実感・満足感を得るには、当然まず適切な目標

設定が必要である。キャリアの授業において、大学時代の目標をデザインすることなどが有効となろう。

　また、サービスラーニングを通じて地域人材（できれば若手経営者など）との関係性を深めることも有効ではないだろうか。地域社会や企業の現場を経験することは、課題そのものを知る意味でも、課題に取り組む社会人とその振る舞いに触れる意味でも、対課題基礎力伸長に繋がるだろう。また、学生・教員という学内の関係性だけでなく、学外のさまざまな人と接する機会を持つことが、対人基礎力（例えば親和力）を伸長させるだろう。さらに、地域へのサービス提供が実現することによって、対自己基礎力（特に自信創出力）が高まることもあるかもしれない。

第5章

社会で求める能力と大学での修得能力

　この章の目的は、卒業生調査の回答者、すなわち大卒後3～5年の若手社会人が、仕事にどんな能力を「求められる（必要）」と感じているかを明らかにし、同時に、それが「大学で身に付けた能力」でどの程度満たされているのか、あるいは不足しているのかの実態を解明することにある。

　また、社会が求める能力を学生に身に付けさせるには、大学の各学部学科にどんな対応が必要であり可能であるかを考えるために、大学での専門別（学部学科別）の分析を中心に行っている。

5-1　社会で求める能力の調査結果

　この調査の「Q12. 社会で求める能力」では、「Q11. 大学で身に付けた能力」と同じ各項目について、「次の能力は、今のあなたが働く職場や社会でどの程度必要だと思いますか」を5段階（絶対に必要／とても必要／必要／少しは必要／あまり必要ではない）で尋ねている。

　この章で用いるQ12の各指標の値は、絶対に必要：5点、とても必要：4点、必要：3点、少しは必要：2点、あまり必要ではない：1点、として算出した平均値である。

　Q11も同様に自己評価の回答を、かなり身に付いた：5点、やや身に付いた：4点、どちらともいえない：3点、あまり身に付かなかった：2点、身に付かなかった：1点、として平均値を算出し「大学での修得度（自己評価）」とする。

　以下、Q12を「必要度」、Q11を「修得度」と表現することがある。

　卒業生調査の回答者全体の「Q12. 社会で求める能力」の回答は図表1-5-1のとおりである。大卒後3～5年の若手社会人がこれらの能力を必要だと感

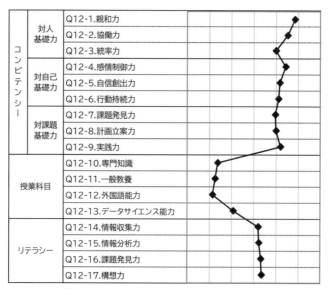

図表1-5-1 社会で求める能力

			2.0 2.5 3.0 3.5 4.0 4.5 5.0
コンピテンシー	対人基礎力	Q12-1.親和力	
		Q12-2.協働力	
		Q12-3.統率力	
	対自己基礎力	Q12-4.感情制御力	
		Q12-5.自信創出力	
		Q12-6.行動持続力	
	対課題基礎力	Q12-7.課題発見力	
		Q12-8.計画立案力	
		Q12-9.実践力	
授業科目		Q12-10.専門知識	
		Q12-11.一般教養	
		Q12-12.外国語能力	
		Q12-13.データサイエンス能力	
リテラシー		Q12-14.情報収集力	
		Q12-15.情報分析力	
		Q12-16.課題発見力	
		Q12-17.構想力	

※n＝1,548。設問文は第1章図表1-1-6もしくは巻末付表3を参照。

じている度合いを表したものということになる。

　コンピテンシーにあたるQ12-1〜Q12-9は、いずれも平均値が3.98〜4.42と「かなり必要：4点」をほぼ上回っている。次いでリテラシーにあたるQ12-14〜Q12-17が3.60〜3.67。一方、授業科目に関わる能力のうち、Q12-10〜Q12-12の必要度は2.56〜2.69と低い。Q12-13.データサイエンス能力の必要度は3.04で、授業科目とリテラシーのちょうど中間といったところだ。
　社会で働く中で、コンピテンシーには必要だという実感があるが、リテラシーはそれほど求められている感覚がなく、授業で学ぶ事柄はさらに（コンピテンシーやリテラシーに類する諸能力に比べて）必要度が低めに捉えられているようだ。

　続いて、職業キャリアのうち現職の業種・職種・企業規模の3つの軸、お

および属性のうちの性別を軸として、Q12の各指標の値の状況を分析する。

《性別》

対課題基礎力にあたる Q12-7〜 Q12-9の、課題発見力、計画立案力、実践力、リテラシーにあたる Q12-14〜 Q12-17の情報収集力、情報分析力、課題発見力、構想力、およびデータサイエンス能力（Q12-13）の計8つに統計的有意差があり、そのすべてで男性のほうの平均値が高い。男性のほうがリテラシーや対課題基礎力の必要性を高く感じている傾向にあるといえる（図表1-5-2）。

データサイエンス能力は、第2章で用いた因子分析で、リテラシー（自己評価）因子を構成する要素の1つとなっていたが、ここからもリテラシーに類する能力と捉えられていることがわかる。

図表1-5-2 社会で求める能力：属性別〈性別〉

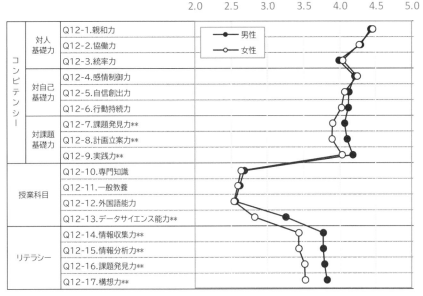

※**＝1%水準で有意

《業種別》

　すべての変数に有意差がみられ、業種の違いが各能力の必要度に関連していると考えられる。全体的に「公務員」が高い傾向がある。「教育、学習支援業」は、教員や塾講師が含まれているので、「授業科目（専門科目・教養科目・外国語）」の必要度が高いのは、当然といえば当然だろう。コンピテンシーやリテラシーに比べ、授業科目関係の項目は値のばらつきが大きめである（図表1-5-3）。

図表1-5-3 社会で求める能力：職業キャリア別〈現職の業種別〉

			2.0	2.5	3.0	3.5	4.0	4.5	5.0

コンピテンシー

対人基礎力
- Q12-1.親和力**
- Q12-2.協働力**
- Q12-3.統率力**

対自己基礎力
- Q12-4.感情制御力**
- Q12-5.自信創出力**
- Q12-6.行動持続力**

対課題基礎力
- Q12-7.課題発見力**
- Q12-8.計画立案力**
- Q12-9.実践力**

授業科目
- Q12-10.専門知識**
- Q12-11.一般教養**
- Q12-12.外国語能力**
- Q12-13.データサイエンス能力**

リテラシー
- Q12-14.情報収集力**
- Q12-15.情報分析力**
- Q12-16.課題発見力**
- Q12-17.構想力**

凡例：
- △ 製造業
- ● 情報通信業
- ▲ 卸売業、小売業
- □ 金融業、保険業
- × サービス業
- ✕ 教育、学習支援業
- ● 医療、福祉
- ■ 公務員

※**＝1％水準で有意
※有意差検定は全14業種を対象に行っているが、グラフでは回答者の少ない6業種を省いている。

《職種別》

　行動持続力を除く16項目に有意差がみられる。「保安職」が多くの項目で高く、中でも感情制御力は図抜けて必要度が高いといえる。他の職種は高低入り乱れているが、全体的には対人基礎力の必要度は「販売職」「営業職」「サービス職」で高く、「事務職」「専門職・技術職」で低い。一方、リテラ

シーや対課題基礎力の必要度は、「専門職・技術職」「営業職」で高い傾向、「販売職」「サービス職」で低い傾向にある（図表1-5-4）。

図表1-5-4 社会で求める能力：職業キャリア別〈現職の職種別〉

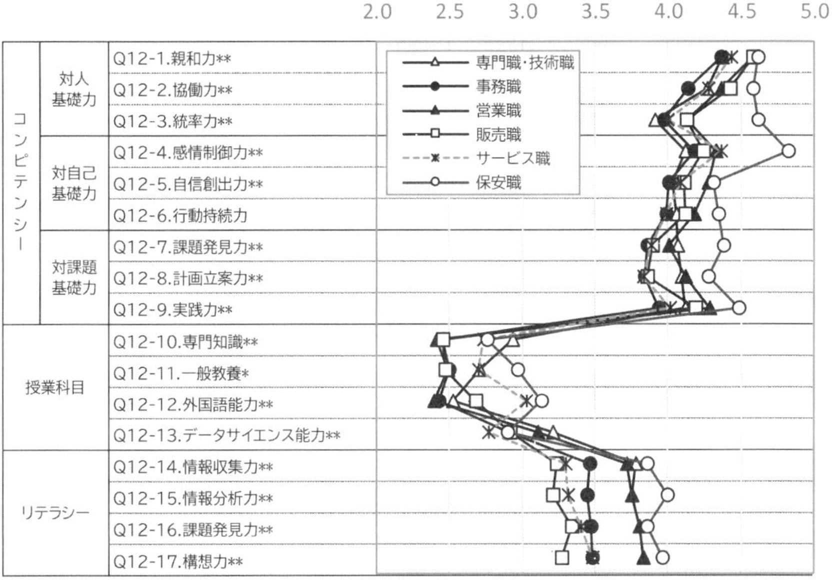

※＊＊＝1％水準で有意　＊＝5％水準で有意

《企業規模別》

　企業規模においては対人基礎力（親和力、協働力、統率力）、対自己基礎力のうち感情制御力と行動持続力、対課題基礎力のうち課題発見力と実践力では、有意差がみられた。平均値だけをみると極端な差はないようにみえるが、有意水準が1％なので、企業規模が関連していないとは言い難い。

　「（従業員数）1,000人以上」の大企業が総じて高い傾向にあるものの、授業科目関連の専門知識、一般教養は必要度が低いという結果となっており、相対的に「30〜99人」「29人以下」「100〜499人」の中小規模企業が高い値となっている。ただし、一般教養については有意性がないので、「企業規模」と「一般教養の必要度」との間に関連性はないとも考えられる。専門知識の有意水準は5％である（図表1-5-5）。

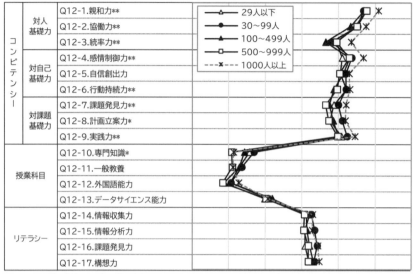

図表1-5-5 社会で求める能力：職業キャリア別〈勤務先（現在）の企業規模別〉

凡例：
- 29人以下
- 30～99人
- 100～499人
- 500～999人
- 1000人以上

コンピテンシー			
対人基礎力	Q12-1.親和力**		
	Q12-2.協働力**		
	Q12-3.統率力**		
対自己基礎力	Q12-4.感情制御力**		
	Q12-5.自信創出力		
	Q12-6.行動持続力**		
対課題基礎力	Q12-7.課題発見力**		
	Q12-8.計画立案力*		
	Q12-9.実践力**		
授業科目	Q12-10.専門知識*		
	Q12-11.一般教養		
	Q12-12.外国語能力		
	Q12-13.データサイエンス能力		
リテラシー	Q12-14.情報収集力		
	Q12-15.情報分析力		
	Q12-16.課題発見力		
	Q12-17.構想力		

※**＝1％水準で有意　*＝5％水準で有意

5-2　データサイエンス能力について

　近年、汎用的能力として注目度が高まっているのが、データサイエンス能力である。社会のデジタル化がいっそう進行する中、文部科学省では数理・データサイエンス教育強化の方針を打ち出し、文系・理系や学部学科を問わず全学生がデータサイエンス教育を受けられる体制づくりを、各大学に強く推奨している。

　大学で専門を問わず学ぶのが望ましいとされるのは、社会で業種・職種を問わず必要とされる能力である（近い将来そうなる）ことの反映であろう。まさにジェネリックスキルといえる。

　「データサイエンス」の名称を冠する学部や学科の新設（申請）も相次いでおり、一種のブームの様相を呈しているが、現在、社会ではデータサイエンス能力にはどの程度のニーズがあるのだろうか。そして大学教育は現時点でどの程度そのニーズに応えることができているのだろうか。それらの実態

を知るうえで、今まさに「大学で身に付けた能力」を発揮しながら働いている若手社会人が、データサイエンス能力の「必要度」と「修得度」をどう捉えているかの調査は非常に有益であろう。

そこで今回の卒業生調査の設計にあたり、大学で身に付けた能力（自己評価）を問う Q11、および社会で求める能力を問う Q12 に、専門知識（専門科目の学び）、一般教養（教養科目の学び）、外国語能力と並ぶ授業科目関連項目として、データサイエンス能力の項目をあえて加えた。設問文は以下である。

　Q11. 次の能力は、大学でどの程度身に付いたと思いますか。
　Q12. 次の能力は、今のあなたが働く職場や社会でどの程度必要だと思いますか。
　‐13. 数理的思考力とデータ分析・活用能力（数理・データサイエンス、情報科学など

（1）「卒業生調査」からみたデータサイエンス能力の特徴
　まず、属性（性別）および職業キャリア別に、①データサイエンス能力の「大学で身に付けた能力」（Q11‐13、修得度）や「社会で求める能力」（Q12‐13、必要度）に差があるのか、②修得度と必要度の大小関係はどうなっているのか、という2つの観点で分析し、データサイエンス能力の特徴を探っていく（数値・グラフは誌面の都合で割愛する）。

《性別》
　修得度（自己評価）、必要度ともに男性のほうが有意に高い。
　男女ともに必要度の値は修得度の値を上回っているが、女性は必要度と修得度の差が男性に比べて小さい。女性は「必要とされるだけのデータサイエンス能力はほぼ身に付けている（少しだけ足りない）」、男性は「かなり足りない」という形である。

《業種別》

修得度（自己評価）、必要度ともに業種間には有意差が認められる。修得度の高い業種は「製造業」「情報通信業」など、低い業種は「教育、学習支援業」「サービス業」など。

データサイエンス能力の必要度を最も高く、つまり最も「社会で求められている」と感じている業種は「情報通信業」。必要度を感じている度合いが最も低いのは「医療、福祉」である。

修得度と必要度の大小関係をみると、多くの業種で必要度の値は修得度の値を上回っており、「大学で身に付けた」以上に「社会で求められている」と感じているようだ。修得度と必要度の差が最も大きい、言い換えると最も「足りないと感じている」のは「情報通信業」である。これは修得度が低いからではなく、必要度を最も高く感じている業種であるためだ。

「電気・ガス・熱供給・水道業」「医療、福祉」「運輸業、郵便業」では修得度より必要度のほうが低い値となっている。インフラ系の現場ではデータサイエンス能力の必要性が、大学で身に付けたと感じているほどには感じられない現状のようだ。また、「医療、福祉」で修得度より必要度が低いのは、業務の特性に加えて女性比率の高さに起因しているところが大きいと思われる。

《職種別》

修得度（自己評価）、必要度ともに職種間での有意差が認められる。「専門職・技術職」が最も高く、「保安職」が最も低く、データサイエンス能力の修得度を自己評価している。

必要度は、「専門職・技術職」が最も高く、「サービス職」が最も低く感じている。サービス職はデータを扱う力の必要性が低いということだろうか。

データサイエンス能力の必要度が修得度を下回っているのは「サービス職」のみ。他の職種は、「大学で身に付けた」以上に「社会で求められている」と感じていることが共通している。必要度が修得度を最も大きく上回る、すなわち最もデータサイエンス能力が「足りていない」のは「保安職」である。業種別の「情報通信業」とは逆に、必要度の高さではなく修得度（自己

評価）の低さによるものだ。

《企業規模別》

　企業規模においては、修得度（自己評価）には有意差が認められるが、必要度は有意性なしとなっている。データを扱う力の必要性を、企業規模によらず同程度に感じているといえる。修得度のほうは、最も高いのが「500～999人」規模の企業、最も低いのは「1,000人以上」の大企業である。

　修得度と必要度の大小関係に注目すると、「500～999人」に限って、修得度より必要度のほうが低い。この点については本調査データからの解釈は困難だ。あえて推測するなら、大企業は資金力があり、ごく小規模の企業は機動力があるが、「500～999人」規模の企業はどちらの特性も持たないためにICTツールの整備（設備投資）が難しく、個人が修得したデータサイエンス能力を発揮できる環境がないという事情はありうるだろうか。

（2）データサイエンス能力と近い能力とは

　Q11、Q12の各17項目について、意味合いの近い項目をグループ（因子）にまとめる因子分析を行った。2-1節の冒頭で行っているのと同様だが、こちらでは大学での専門別に因子分析にかけている。

　人文科学系で「大学で身に付けた能力」として取り出された因子は、因子の数、構成要素は2-1節（図表1-2-2）とまったく同じ結果となった。また、Q12で同様の因子分析を行って得た「社会で求める能力」の因子も、同じ構成要素による3因子だった。図表1-5-6は人文科学系の「社会で求める能力」の抽出図表として示している。

　社会科学系のデータでも因子分析を行い、「大学で身に付けた能力」「社会で求める能力」をそれぞれ抽出したが、因子の数、構成要素は人文科学系とまったく同じで、図表にまとめると、各因子の寄与率の値を除き図表1-5-6と同じものとなる（よってこれらの図表は省略する）。

　理工系も3つの因子が抽出されたが、人文科学系・社会科学系とは若干構成要素が異なる結果となっている。「大学で身に付けた能力」「社会で求める

図表1-5-6 人文科学系の「社会で求める能力」の抽出

因子1	因子2	因子3
1.親和力	**13.データサイエンス能力**	10.専門知識
2.協働力	14.リテラシー-情報収集力	11.一般教養
3.統率力	15.リテラシー-情報分析力	12.外国語能力
4.感情制御力	16.リテラシー-課題発見力	
5.自信創出力	17.リテラシー-構想力	
6.行動持続力		
7.課題発見力		
8.計画立案力		
9.実践力		

コンピテンシー (自己評価)因子	リテラシー (自己評価)因子	授業科目の修得度 (自己評価)因子
(寄与率 41.5%)	(寄与率 9.7%)	(寄与率 9.7%)

※因子欄の要素順は項目番号順。

能力」とも因子の構成要素は同じなので、図表は「社会で求める能力」のものとして示す（図表1-5-7）。

図表1-5-7 理工系の「社会で求める能力」の抽出

因子1	因子2	因子3
7.課題発見力	1.親和力	10.専門知識
8.計画立案力	2.協働力	11.一般教養
13.データサイエンス能力	3.統率力	12.外国語能力
14.リテラシー-情報収集力	4.感情制御力	
15.リテラシー-情報分析力	5.自信創出力	
16.リテラシー-課題発見力	6.行動持続力	
17.リテラシー-構想力	9.実践力	

リテラシー (自己評価)因子	コンピテンシー (自己評価)因子	授業科目の修得度 (自己評価)因子
(寄与率 44.9%)	(寄与率 9.0%)	(寄与率 7.6%)

※因子欄の要素順は項目番号順。

　理工系においては、最も寄与率の大きな因子がリテラシーであり、「7.課題発見力」「8.計画立案力」も含まれている。7と8については、2-1節において「因子1（コンピテンシー）と因子2（リテラシー）の双方から同程度

に影響を受けている」という特徴を指摘したが、人文科学・社会科学系ではコンピテンシー、理工系ではリテラシーの性格が前面に出たようである。

「13. データサイエンス能力」の位置づけにも違いがあり、理工系では寄与率が最も大きい因子の中の1つとなっているが、人文科学系・社会科学系は2番目の因子の中に現れる。

これは、理工系出身者が仕事や社会でより必要と考えているのはリテラシーであり、その中にデータサイエンス能力も位置づけていることを示唆している。一方、人文科学系・社会科学系出身者はデータサイエンス能力を含むリテラシーよりも、対人基礎力などのコンピテンシーのほうが仕事や社会でより必要と捉えていることを示している、といえる。この違いは、いわゆる文系・理系の違いを象徴する現象なのかもしれない。

また異なる特徴をみせているのが医療・保健系である（図表1-5-8）。修得度と必要度では、因子の数（3→4）や構成要素が変化している。このため因子名も、潜在的な意味合いを解釈して新たに付与している。

「大学で身に付けた能力」の構成は人文科学・社会科学系よりは理工系に似通っているとはいえ、独自性が高い。「社会で求める能力」では、3つの因子の構成要素が変わるとともに、「対人基礎力因子」と命名できそうな因子（「Q12-2. 協働力」「Q12-1. 親和力」）が表れる点が独特である。チーム医療という言葉に代表されるように、他者との関わりが重要な仕事であることから、必要に迫られてということかもしれない。

人文科学系および社会科学系、理工系、医療・保健系の因子分析を通じてみえてくる「データサイエンス能力と近しい能力」は、同じグループ（因子）にまとめられるリテラシー（4項目すべて）や課題発見力（コンピテンシー）のようだ。

コンピテンシー対課題基礎力の項目を含む理工系の因子1の構成からは、課題を解決するために各種リテラシーやデータサイエンス能力を発揮する

図表1-5-8 医療・保健系の「大学で身に付けた能力」、「社会で求める能力」の抽出

●医療・保健系の「大学で身に付けた能力」の抽出

因子1	因子2	因子3
2.協働力	1.親和力	10.専門知識
3.統率力	4.感情制御力	11.一般教養
7.課題発見力	5.自信創出力	12.外国語能力
9.実践力	6.行動持続力	
13.データサイエンス能力	8.計画立案力	
14.リテラシー情報収集力		
15.リテラシー情報分析力		
16.リテラシー課題発見力		
17.リテラシー構想力		

対課題基礎力 （自己評価）因子	対自己基礎力 （自己評価）因子	授業科目の修得度 （自己評価）因子
（寄与率 43.0%）	（寄与率 10.0%）	（寄与率 5.1%）

●医療・保健系の「社会で求める能力」の抽出

因子1	因子2	因子3	因子4
3.統率力	12.外国語能力	1.親和力	4.感情制御力
5.自信創出力	**13.データサイエンス能力**	2.協働力	10.専門知識
6.行動持続力	14.リテラシー情報収集力		11.一般教養
7.課題発見力	15.リテラシー情報分析力		
8.計画立案力	16.リテラシー課題発見力		
9.実践力	17.リテラシー構想力		

対自己・対課題 基礎力因子	リテラシー因子	対人基礎力因子	授業科目の 修得度因子
（寄与率 31.4%）	（寄与率 20.8%）	（寄与率 7.1%）	（寄与率 7.0%）

※因子欄の要素順は項目番号順。

シーンを想定した学びが思い浮かぶ。医療・保健系の「大学で身に付けた能力」の因子1にはさらに対人基礎力の項目も含まれており、医療の特質から、他者と関わりつつ各種リテラシーやデータサイエンス能力を活用することを想定して各能力を身に付けたと想像できる。

　人文科学・社会科学系の場合も、データサイエンス能力とリテラシー4項目とが近しいことは間違いない。

　また、理工系は「大学で身に付けた能力」も「社会で求める能力」も同じ構成だが、医療・保健系の「社会で求める能力」は大きく構成が変化し、データサイエンス能力と同じ因子内には対人基礎力や対課題基礎力が含まれなくなっている。

　次の図表1-5-9はデータサイエンス能力の「社会で求める」度合い（Q12-13）が、
（1）大学在学中に関わる事項
　　　データサイエンス能力の「大学で身に付けた」度合い（自己評価）
　　（Q11-13）、学業成績（Q3）、大学在学中の満足度（Q7）
（2）大学卒業後の職業キャリア（Q8、Q9）
（3）大学入学前に（入学時点で）決まっている属性
（4）現在の仕事満足度とキャリア意識（Q10-1〜Q10-6）
から受けている影響を、大学での専門別にまとめたものである。

図表1-5-9 データサイエンス能力の「社会で求める」度合いに影響する要素

			人文科学系	社会科学系	理工系	医療・保健系
(1)大学在学中の事項	Q11-13.データサイエンス能力修得度（自己評価）		＋	＋	＋	＋
	Q3-3.大学卒業時の成績			＋		
	Q7-6.部・サークル活動満足度		－			
(2)Q8〜Q9職業キャリア	現職の業種	第二次産業			＋	
	地域移動経験	就職時に都市流出			＋	
(3)属性	大学ランク	入試偏差値45以上	＋		＋	
	性別	男性	＋	＋		
(4)仕事満足度とキャリア意識	Q10-1.自主的な学び		＋	＋	＋	

※業種は、第一次産業、第二次産業、第三次産業、公務員に大別。
※地域移動経験の「就職時に都市流出」の類型は「地方高校出身→地方大学卒業→三大都市圏就職」（第4章4-1節参照）。
※大学ランクはABCの3段階に分けたうちのAとB（入試偏差値45以上に相当）。

　どの専門でも共通して影響があるのは「データサイエンス能力修得度」のみで、他の要素は専門（学部学科）によってかなり異なっている。例えば、人文科学系と理工系では大学ランク（言い換えると大学入学時の成績）が、社会科学系では大学卒業時の成績が影響しているが、医療・保健系にはどち

らも相関がなく、医療・保健系では「学業成績」がデータサイエンス必要度に影響を与えないと読み取れる。

　また人文科学・社会科学系では女性よりも男性のほうがデータサイエンス能力の必要性を強く感じている。理工系、医療・保健系では性差がないことがわかる。

　理工系は関連する項目が多く、他の専門では影響のみられない「職業キャリア」で2項目に影響がみられる。現職の業種が製造業（第二次産業）の人や就職時に地方から都市部（三大都市圏）に移った人が、データサイエンス能力の必要性を強く感じがちのようだ。

　医療・保健系は、全専門に相関のある「データサイエンス能力修得度」の1項目のみが関連している。

5-3　リテラシー非言語処理力とデータサイエンス能力

　PROG のリテラシーテストでは、ここまでに言及してきた4項目の他、「言語処理力（長文読解・慣用句など言葉や文章の処理能力）」「非言語処理力（数字・方程式・図形など数字や法則の処理能力）」も測定している。このうち「非言語処理力」は、その定義から「データサイエンス能力」類似の能力と考えられる。そこで、大学3年次のリテラシー非言語処理力についても、属性や大学時代の経験やその後のキャリアとの関係を分析した。

　Q11-13はデータサイエンス能力修得度の自己評価（主観的な指標）だが、リテラシー非言語処理力のスコアは、客観的な指標といえる。大学3年次のPROG スコアを持つデータのみのためサンプルサイズは小さいが、その分析を通じて、データサイエンス能力（≒リテラシー非言語処理力）の特質が違った角度からみえてくることもあるだろう。

　また、サンプルサイズが小さいため、属性、学生時代の経験、職業キャリアなどを細かく分けた分析は行っていない。

（1）属性との関係

　大学ランクが ABC のうちの A または B（入試偏差値45以上）、大学での

専門が理系、出身高校が進学校（ほとんど全員が4年制大学に進学）、性別が男性、という4つの属性に「あてはまる」人とあてはまらない人のリテラシー非言語処理力（PROG スコア）の平均値を比較し、リテラシー非言語処理力が属性の影響を受けているかを検証した（図表1-5-10）。

図表1-5-10 リテラシー非言語処理力は属性の影響を受けているか

【PROGリテラシー非言語処理力スコア】

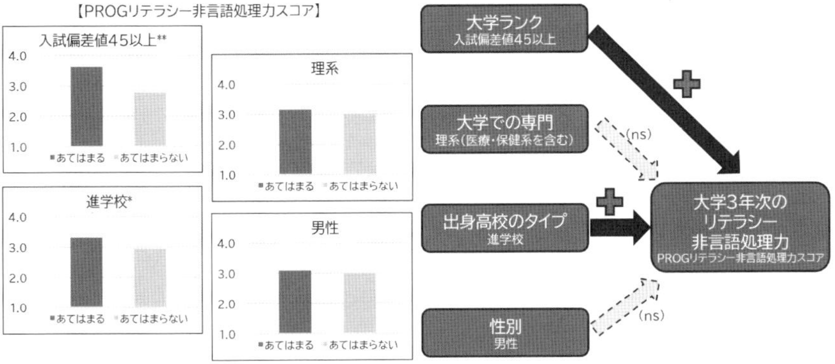

※**＝1％水準で有意 *＝5％水準で有意

　いずれもスコアそのものは「あてはまる」群のほうが高く出ているが、有意性があるのは大学ランクと出身高校のタイプの2つだった。リテラシー非言語の能力（大学3年時点）は、大学入学までに培われた基礎学力を反映している可能性がありそうだ。
　前節では、データサイエンス能力修得度・必要度ともに「男性のほうが有意に高い」という結果だったが、リテラシー非言語のスコア平均値では性別による差はかなり小さく、リテラシー非言語への影響はない（有意ではない）という、異なる分析結果となっている。

（2）学生時代の経験との関係

　リテラシー非言語の能力（PROG スコア）が学生時代の経験に影響を与えているかを検証した。リテラシー非言語スコアの高い群（5ランクの4または5）と低い群（5ランクの1〜3）との間で、大学卒業時の成績、アルバイト満足度、部・サークル活動満足度に差異があるかをみたのが図表1-5-

11である。

　大学卒業時の成績、部・サークル活動満足度に有意にプラス効果がみられた。アルバイト満足度については、リテラシー非言語のスコアが高いほうが満足度がやや低い（満足者が少ない）が、有意な差ではなかった（アルバイト満足度はリテラシー非言語処理力の影響を受けていないと考えられる）。

図表1-5-11 リテラシー非言語処理力は学生時代の経験に影響を与えているか

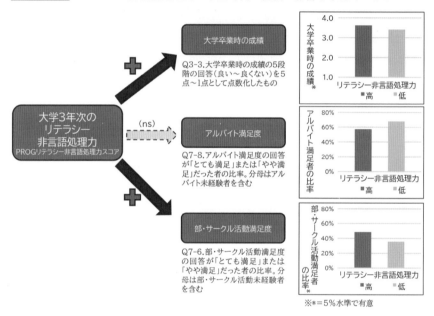

※＊＝5％水準で有意

（3）大学卒業後のキャリアに影響しているか

　同様に、リテラシー非言語処理力（PROG スコア）が卒業後の職業キャリアに影響を与えているかを検証した。大学卒業直後の進路、現職の業種、現職の職種、現職の勤務先の企業規模、転職経験の有無について、リテラシー非言語処理力（PROG スコア）の平均値を比較したのが図表1-5-12である。

　統計的に有意な差ではないが、卒業直後の進路では大学院進学、業種では公務員、職種では非営業系のリテラシー非言語の能力は、高いのかもしれない。

図表1-5-12 リテラシー非言語処理力は職業キャリアに影響を与えているか

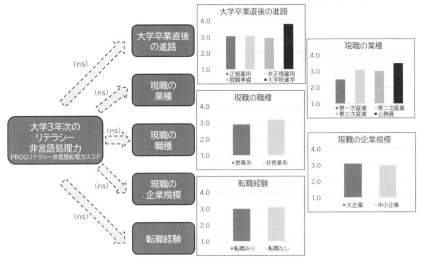

※業種は、第一次産業、第二次産業、第三次産業、公務員に大別。
※職種は営業系職種（営業・販売・サービス・保安）と非営業系職種（専門・技術・事務）の2つに大別。
※企業規模は大企業（従業員数1,000人以上）と中小企業（1,000人未満）に大別。

（4）「仕事満足度やキャリア自律度」に影響を与えているか

　小サンプル全体を使って分析したところ、リテラシー非言語処理力と「仕事満足度とキャリア意識」（Q10）との間に有意な関連はなかった。

　ただし、大学卒業直後の進路が大学院進学の人に限定して分析すると、リテラシー非言語処理力のスコアが高い人はQ10の6指標すべてで高い値を取るという傾向があり、サンプルサイズが小さいにもかかわらず（n=15）、仕事の意欲度（Q10-3）については統計的に有意な差が得られた（図表1-5-13）。大学院進学者の場合は、大学3年次のリテラシー非言語処理力が高い人のほうが、現在の仕事に対して意欲的に取り組むことができていることが明らかになった。

　リテラシー非言語のスコアが高い人はQ10の6指標すべてで高い値を取るというこの現象は、卒業直後の進路が非正規雇用の人、就職準備の人に限定

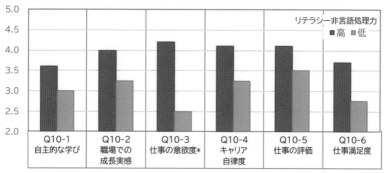

図表1-5-13 大学卒業直後の進路が大学院進学の人の場合

リテラシー非言語処理力
■高 ■低

Q10-1 自主的な学び
Q10-2 職場での成長実感
Q10-3 仕事の意欲度*
Q10-4 キャリア自律度
Q10-5 仕事の評価
Q10-6 仕事満足度

※ *=5%水準で有意

した分析ではみられず、リテラシー非言語に有意な関連を持つQ10の指標もなかった。

かなり小さなサンプルに基づく議論なので注意は必要だが、リテラシー非言語の水準がQ10の各指標に対して何らかの影響を及ぼすためには、学部卒よりも高い学歴を取得していることが必要条件になっているのかもしれない。あるいは学部卒でも、経験年数を経てから行うような業務（例えばマネジメント）に就いた段階でリテラシー非言語処理力が「仕事満足度とキャリア意識」に影響を及ぼすのかもしれない。

ただし、サンプルの小ささのため、疑似相関仮説や媒介仮説についての検討まで進むことはできない。

5-4　社会で求める能力と大学での修得能力のギャップを考える

本節は卒業生調査全体のデータを用いた分析に戻る。

修得度（自己評価）を横軸、必要度を縦軸にとった散布図が図表1-5-14である。この散布図は、17の能力の相対的な位置づけが明らかになるように、必要度・修得度それぞれの平均値を軸としている。それによって相対的な必要度・修得度およびその大小関係が似かよった能力が、近い位置に表れてくる。

図表1-5-14 全国13大学調査ポートフォリオ分析

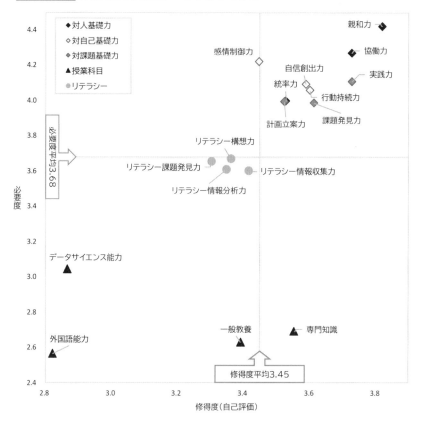

　おおまかにみると、「コンピテンシー」「リテラシー」の2群と、散在する「授業科目項目」といった形である。

　コンピテンシーの13項目はほぼすべて右上の区画「修得度（自己評価）も必要度も平均以上」に入っている。おおむね「必要度が高いものは修得度（自己評価）も高い」形で並んでいるが、感情制御力が、3つの対自己基礎力のうち最も必要度が高いにもかかわらず、修得度では平均をわずかに下回っているのが目立つ。

　リテラシーの4項目は、平均値の交点近くにまとまって「必要度に比べ修得度がやや足りない」形で位置している。

授業科目系の4項目は、コンピテンシー・リテラシーから大きく離れ、必要度の低いところに散らばっている。専門知識、一般教養、外国語能力の3項目は、必要度は大差ないが、修得度は大きな差がついており、専門知識のみがすべて右下の区画「必要度は平均以下だが修得度（自己評価）は平均以上」に入っている。データサイエンス能力は、これら3項目よりかなり必要度が高い一方で、修得度はかなり低い。

（1）大学で身に付けた能力（自己評価）

「大学で身に付けた能力（自己評価）」を大学での専門別に集計した（図表1-5-15）。親和力、協働力、感情制御力、課題発見力を除く13項目で有意差が出ている。

医療・保健系は多くの項目で修得度が高いが、外国語のみ最も低い値となっている。理工系はコンピテンシー（自己評価）の修得度が低く、リテラ

図表1-5-15 大学で身に付けた能力（自己評価）（Q11）：大学での専門別

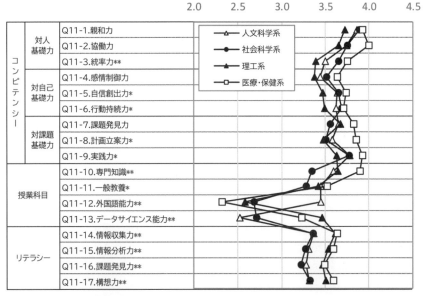

※**＝1％水準で有意　*＝5％水準で有意

シー（自己評価）は高い傾向にある。

　人文科学系・社会科学系は、コンピテンシー（自己評価）は医療・保健系と理工系の間に位置し、リテラシー（自己評価）は医療・保健系と理工系よりもやや低い。社会科学系は、授業科目関連（自己評価）、特に外国語の修得度が低い。人文科学系はデータサイエンス能力が極端に低い。外国語が必修であることが多く、文章は書かせるが数理的な力を身に付ける科目が少ないなど、カリキュラムによるところが大きいものと推測される。

（2）社会で求める能力

　「社会で求める能力」を大学での専門別に集計した（図表1-5-16）。専門ごとの違いが「社会で求める能力」の差に関連していると思われる（有意である）のは、3つの対自己基礎力（Q12-4〜 Q12-6）とリテラシーのうち3項目、外国語能力、データサイエンス能力などで、3つの対課題基礎力、一

図表1-5-16 社会で求める能力（Q12）：大学での専門別

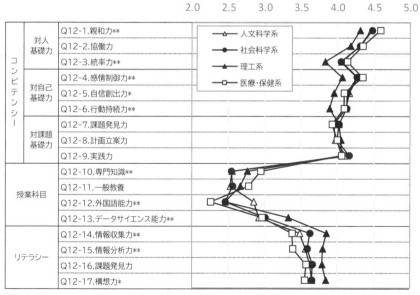

※**＝1％水準で有意　*＝5％水準で有意

般教養などについては、どの専門でも同じような水準の力を必要と捉えているようだ。

　有意差があると認められるリテラシーの必要性（Q12-14～Q12-17）は、理工系で値が高く、医療・保健系で低い。これは、単に「医療・保健系ではリテラシーの必要性が低い」ということではないだろう。例えば、患者に接する場面の多い職種であることから、よりコンピテンシーを必要とする場面が多く、仕事に必要な能力の総量の中において、リテラシーが相対的に低くなっていると考えるのが妥当だろう。

　また、データサイエンス能力の必要性（Q12-13）は理工系が高く感じており、医療・保健系と人文科学系・社会科学系の間では必要度に大きな差がない。対自己基礎力の必要性（Q12-4～Q12-6）は、理工系のみやや値が低く、医療・保健系と人文科学系・社会科学系の間で大きな差がない。

（3）社会で求める能力と大学での修得能力のギャップ

　「大学で身に付けた能力（自己評価）」の値から「社会で求める能力」の値を引いたものを大学での専門別に集計した（図表1-5-17）。値がプラスのもの（グラフの右側）は「社会が求める能力以上に身に付けている」、マイナスのもの（グラフの左側）は「身に付けた能力（自己評価）は社会が求める能力に不足である」ということになる。

　基本的にはどの大学での専門においても、授業科目関連（専門知識・一般教養・外国語能力）を除き、社会で求められていると思う力の多くは大学時代に獲得できていないとの自己評価になっていることがわかる。

　そんな中で、専門による違いが有意に出ているのが、計画立案力、外国語能力、データサイエンス能力、リテラシー情報収集力、リテラシー情報分析力の5項目である。

　計画立案力は、すべての専門で修得度が必要度を下回っており、マイナスの多い（能力不足が深刻な）順に、理工系、社会科学系、人文科学系、医療・保健系だ。

　外国語能力とデータサイエンス能力は、理工系および医療・保健系は能力

図表1-5-17 「大学で身に付けた能力（自己評価）－社会で求める能力」の
平均値：大学での専門別

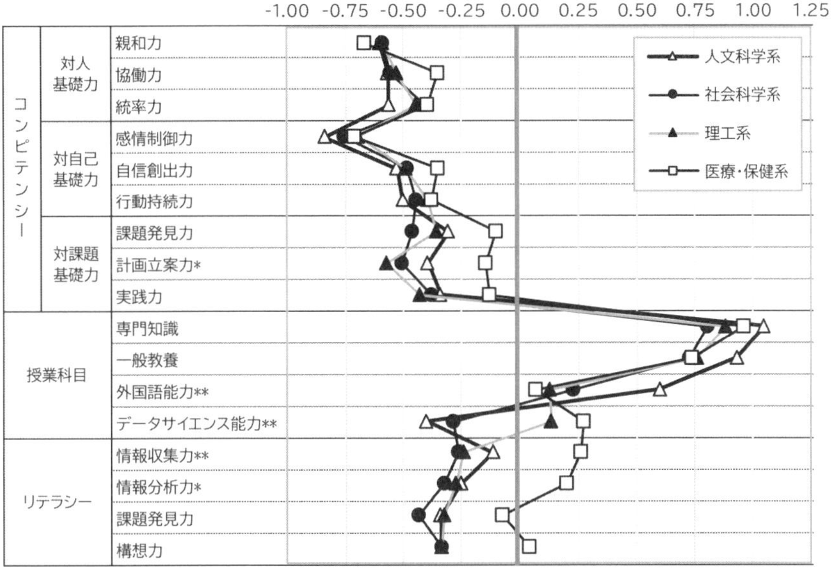

※**＝1％水準で有意　*＝5％水準で有意

が「足りている」が、人文科学系と社会科学系は能力が「足りない」と分かれた。

　リテラシー情報収集力・情報分析力では、理工系もマイナス側に転落し、能力（学び）が足りているのは医療・保健系のみとなる。ただ、これは理工系の「勉強不足」よりも「理工系への要求水準の高さ」のために差し引きマイナスの値となっていると思われる。理工系のリテラシー情報収集力・情報分析力の必要度は、他の専門よりも明らかに高く（1つ前の「社会が求める能力」図表1-5-16で確認できる）、修得度でも医療・保健系とほぼ同じ、人文科学系・社会系よりも高い値を示しているからだ。

　医療・保健系は、有意差のある5項目中4項目の値がプラス、すなわち社会で必要とされている以上に修得できており、唯一「足りない」となっている計画立案力も、不足の度合いは4つの専門のうちで最も小さい。職業と密

接に結びついた学問系統であるせいか、「社会で求める能力」「大学で修得した能力」のギャップが小さい専門（学科）といえるだろう。

　そのことは、大学での専門別に4つのグラフにするとより明確に浮かび上がってくる（図表1-5-18）。一見、似た形状のグラフだが、まず医療・保健系のグラフはマイナス（グラフの左側）の面積が、他の3つに比べてかなり狭いことがわかる。授業科目の部分が急峻な「山」（修得度が必要度を上回っている）のは他の3つのグラフと同様だが、医療・保健系のみ、リテラシーも小さな「山」になっており、社会で求められるリテラシーを大学時代に身に付けていることがわかる。コンピテンシーは他の3つと同じく「谷」（修得度は必要度に達していない）だが、その深さは最も浅い。

図表1-5-18 「大学で身に付けた能力（自己評価）−社会で求める能力」の不足／充足：大学での専門別

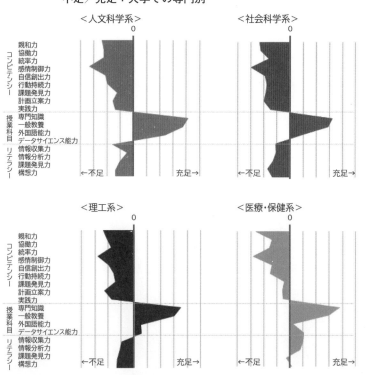

　理工系のグラフは、リテラシーの「谷」部分の面積の小ささ、それに比べてコンピテンシーの「谷」部分の面積の大きさが目に付く。社会で求める能力に対して、リテラシーは少しだけ足りないが、コンピテンシーは全般的にかなり足りないという状況が表現されている。

　人文科学系と社会科学系は、「文系」と括られがちなだけあって、かなりよく似た形のグラフとなっているが、リテラシー部分の「谷」の形状など、それぞれ特徴が出ている。

第6章

調査のまとめと提言

6-1　PROGの経年データからわかるコンピテンシーの低下傾向

　PROGテストは2012年4月にスタートしたが、大学1年次での受検数は
2014年度に3万6,000人、2015年度以降は毎年、5万人以上となり、2019年
度には10万人に達した（図表1-6-1）。

図表1-6-1 **PROGテスト受検者数の推移（大学1年生：2014～2020年度）**

年度	14年度	15年度	16年度	17年度	18年度	19年度	20年度
受検者数 （大学1年生）	36,905	52,873	63,002	75,687	90,719	100,276	75,661

　全国の大学（4年制）新入生の数は約63万人なので（2020年度の入学者
数631,318。「学校基本調査」による）、そのうち最低で5%、平均すると8～
11%にあたるデータを、継続的に得られたことになる。
　そこで、受検者数が少ない2012年度、2013年度を除き、2014年度以降
2020年度までを対象に経年変化を分析したところ、大学生のコンピテン
シーが年々低下傾向にあることがみえてきた。

（1）大学1年生の経年変化

　図表1-6-2にみるように、コンピテンシー総合、対自己基礎力、対課題
基礎力に低下傾向がみられる。下げ幅は比較的小さくみえるが、時系列回帰
分析をしてみると、上下動しながらも低下傾向であることが確認できた。
　また、中分類単位でみると、低下傾向はよりはっきりするものがある（図
表1-6-3）。対人基礎力のうちの統率力、対自己基礎力のうちの自信創出力、
対課題基礎力のうちの計画立案力だ。
　対自己基礎力は、他2つの感情制御力、行動持続力も有意に低下しており、
その結果、3つの大分類のうち対自己基礎力の低下が最大となっている。

図表1-6-2 コンピテンシー（PROG スコア）の低下傾向

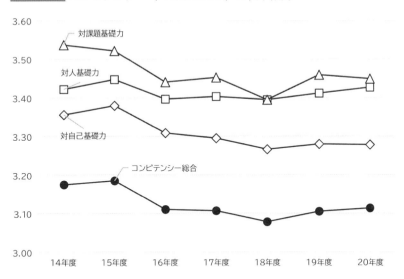

図表1-6-3 低下傾向が明白なコンピテンシー（中分類）

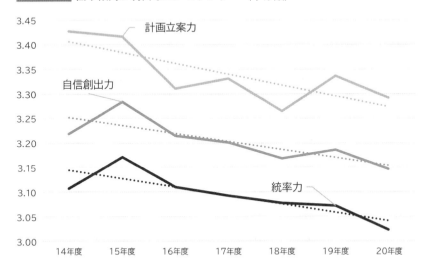

対課題基礎力の課題発見力、実践力は、やや下降気味だが、回帰分析でみると有意な減少傾向ではなく、ほぼ横ばい。対課題基礎力の低下は、ほぼ計画立案力の低下が占める状況だ。

　対人基礎力の親和力、行動力もほぼ横ばいだが、対課題基礎力の中分類とは逆に、わずかながら向上の傾向（標準化係数がプラス）で、対人基礎力の中で統率力のマイナスを打ち消すような形となっている。
　まとめると、コンピテンシー総合の低下は、「ほぼすべての要素が低下している」というより、「上がっているものもあれば下がっているものもあるが、上がっているものの数が少なく上昇幅も小さいので、全体としては少し下がっている」といった状況だ。

　ただし、この間 PROG テストが普及し、受検者数も大学数も大きく増加している。当初から参加していたのが、コンピテンシーの育成に大きな関心を寄せていた大学であり、その学生はもともとコンピテンシーが高いのではないかという疑問もあるだろう。後年に受検するようになった大学の学生は相対的にコンピテンシーが低く、そのために全体の平均値が下降している（ようにみえる）だけではないかという疑念である。
　そこで、PROG テストを受検する大学の増加や入れ替わりの影響を確認するため、2015年度からの6時点すべてで受検している大学49校（の学生）のみのデータで同様の傾向分析をしてみたが、結果に大きな違いは出なかった。
　コンピテンシー総合スコアの経年変化をこの「49校データ」と、全体データとで比較したのが図表1-6-4である。
　具体的な値は異なるところもあるが、全体的な傾向はよく似ていることがわかる。近似曲線もきわめて近く、大きな違いはないといえる。大分類、中分類についてもほぼ同じで、受検者数が増加した（受検者層が広がった）ことや、サンプルが入れ替わった（質的に変わった）ことの影響は小さいと考えられる。

図表1-6-4 **全体データと「49校データ」のコンピテンシー総合スコア比較**

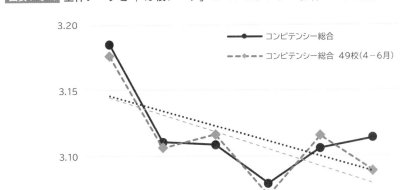

	15年度	16年度	17年度	18年度	19年度	20年度
49校サンプル数 （1年次4-6月受検）	21,121	26,280	29,620	31,312	31,361	21,655

※大学1年次受検の中には、秋受検や2年次直前の春休みに受検するケースが3割程度含まれている。49校データは、「入学時のコンピテンシー」としての有意性を高めるため、大学1年次4月〜6月受検に限定したデータを使っている。

（2）高校1年生の経年変化

　高校1年生についても2016年度からの経年データを集計したが、データが2016年度から2020年度までの5年度分に限られる（サンプルサイズが小さい）こともあり、時系列回帰分析は行わなかった。しかし、推移のグラフ（図表1-6-5）をみると、コンピテンシー総合スコアが、この期間、わずかながら下がり続けていることがわかる。もう少しはっきりしているのが対自己基礎力で、一貫して下がっていることがグラフから読み取れる。

　対人基礎力は横這い、対課題基礎力は上がっているが、対人基礎力がそれ以上に下がっているために、総合評価がわずかに下がっているようにみえる。

（3）経年変化の特徴

　経年データから、次のような傾向が大学1年生・高校1年生に共通してみえてきている。

- 「対自己基礎力」は低下傾向にある。

図表1-6-5 高校１年生のコンピテンシー

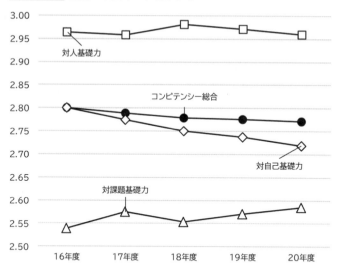

- 「対人基礎力」はほぼ経年変化はない（横這い）。
- コンピテンシー総合スコアは、わずかではあるが一貫して低下。

このように、「経年でみると、10代の若者のコンピテンシーはゆるやかな低下傾向にある」といえそうだ。

　多くの研究でいわれているように、社会（企業）が学生（新入社員）に求める能力レベルは近年ますます高まる傾向にあり、大学で獲得する知識・能力とのギャップをいかに埋めるかが問われている。「コンピテンシー」もその例外ではなく、むしろ典型であるといえるだろう。企業は、特定職務に独自の能力・知識ではなく、レジリエンス、コミュニケーション力、創造性といった汎用的かつ高度な基礎力をいっそう要求するようになっている。

　したがって大学教育には「コンピテンシーの育成」がいっそう求められるが、その一方で、大学生のコンピテンシーは年々低下傾向にある。つまり、大学教育が埋めるべきギャップは年々拡大傾向にあるといえる。

6-2　まとめ

（1）今回の卒業生調査から明らかになった大学教育とキャリアの繋がり

　今回の卒業生調査を通じて、大学で身に付ける力のうち、コンピテンシー（3年次、自己評価）の重要性が明らかになった。

　知見の1つとして、コンピテンシー（自己評価）が低い人は卒業時未就業（就職準備）になりやすいことがある。その影響は卒業直後にとどまらず、キャリア自律度の低さなどの形で長期間続く。逆にコンピテンシー（自己評価）の高さは、「仕事満足度とキャリア意識」の全指標に肯定的な影響を与えている。

　コンピテンシー（3年次）のほうも、仕事満足度やキャリア意識に対して、直接的にも間接的にも影響している。それは「あらゆる経路」といっていいほどさまざまな経路をとる強力な影響だが、あえてその構図を探ったところ、コンピテンシー（3年次）が仕事評価とキャリア自律度を介して仕事満足度に影響を与え、それが成長実感や仕事の意欲度に繋がっていく構図が明らかとなった。

　大学におけるコンピテンシー育成の観点からは、正課の授業はもちろん、サークル、アルバイト、友人関係など、大学時代のさまざまな経験やその満足度が、コンピテンシー（自己評価）を高めることが確認できた。ただし、「就職活動熱心度」がコンピテンシー（自己評価）に与える直接効果はみられず、卒業後に及ぶ影響はさほど大きくないと考えられる。

　また、近年話題となる「地方創生人材」の育成においても、「地方滞留」「就職時に都市流出」の比較分析から、コンピテンシー伸長が重要であるとの知見を得ている。

　一方、リテラシー（3年次、自己評価）はコンピテンシーとは異なり、「仕事満足度やキャリア意識」に対して明確に影響を与えているとはいえないことがわかった。しかしだからといって、リテラシーが無用だとはいえない。学部卒業生が卒業後3〜5年目の仕事の現場で求められる能力とは違っているかもしれないが、もう少し長い目でキャリアをみれば、あるいは大

学院修了者の場合には、必要な能力と思われる。これは、卒業直後の進路が大学院進学の人に限定した分析で、リテラシーの1つである非言語処理力が「仕事満足度やキャリア意識」に肯定的な影響を与えていることから示唆されている。

　その他、大学教育と卒業後のキャリア・仕事の成果との繋がりとしては、大学卒業時の成績が「仕事満足度とキャリア意識」のうち「仕事の評価」に正の影響を与えていることも確認できた。さらに、中学・高校・大学の3段階のうち、1つではなく2つ（または3つ）で良い成果を収めることが「仕事の評価」を高めるという興味深い分析結果も得られている。

　また、今回の調査結果からは、大学で身に付けた能力と社会で求める能力にはギャップがあり、多くの能力で学びが不足しているようにみえる。近年必要性が高まっている（といわれる）データサイエンス能力についても、修得度は必要度を下回っていることがわかった。ただし必要度自体がさほど高くないこともわかった。これらは卒業生自身が「自分はこの能力をこの程度、身に付けている」「自分はこの能力をこの程度、求められている」と評価した、働く現場の実感を伴うデータであり、卒業生調査ならではの貴重な分析結果といえるだろう。

（2）大学教育改善への提言

　今回の分析結果を踏まえ、大学教育を改善すべき方向性について提言したい。卒業生調査に協力いただいた13大学は、たびたび触れているとおりさまざまな偏りがあり、そこから得られる知見および提言は、日本のすべての大学にあてはまるものではないだろう。しかしまた13大学は、いずれも「学生は4年制の学部を卒業した直後から、企業に就職して働き、キャリアを積んでいく」ことを前提に一般教養教育・専門教育とキャリア教育を行う大学であり、同じタイプの多くの大学にとっては、有益な提言であるはずだ。

　具体的には以下の5点にまとめた。

① 大学教育全体を「コンピテンシー育成の視点に基づいたカリキュラム・

デザイン」という発想で

　コンピテンシーが卒業後の働き方やキャリア観、仕事のパフォーマンス全般に強く影響することから、特定の科目やコースではなく、4年間の大学教育全体を「コンピテンシー育成の視点に基づいたカリキュラム・デザイン」という発想で捉えることが求められる。

②　学生が主体的・積極的に学び、課外活動も含め数多くの経験を積むために、大学側の工夫が求められる

　大学時代の経験が豊かであるほど身に付けた能力も高いという、予想通りの結果が出ている。したがって、大学にとってはいかに学生が積極的に学び、課外活動も含め数多くの経験を積ませる努力が必要となる。つまり、学生が大学生活を主体的に取り組まなければならない工夫が求められる。

③　「大学の成績と仕事評価は別物」といった風潮を改める

　リテラシーはコンピテンシーと異なり、仕事満足度やキャリア意識に対して直接効果を持っているとはいえない。しかし、リテラシーは授業科目の修得度や主体的な学修習慣を通じて仕事の評価やキャリア自律度に影響を与えている。

　また、大学卒業時の成績は仕事評価と正の相関があることが証明された。一般的な言説として、大学の学業成績と仕事評価は別物といった風潮がある。この言説で学生が大学での専門知識を学ぶ上でマイナスに働く可能性がある。したがって、大学としては大学の成績＝仕事の評価という点をアピールし、「仕事が求める能力を高めること＝大学で優秀な成績を取ること」という認識を学生に持たせることが重要である。

④　コンピテンシーの低い学生には大学入学後まもなくからの支援が望ましい

　卒業直後の進路が就職準備の学生は、その後のキャリア自律度も低くなる傾向がある。つまり、就職も進学もできず躓いた学生はその後の人生でも大きなハンデを負いやすい。したがって、このような学生への手厚いキャリア相談や指導が望まれる。また、コンピテンシーの低い人がこのような状況に

陥りやすいことから、卒業時ではなく大学入学後からの支援体制が求められる。

⑤　データサイエンス教育の大規模導入は慎重に

データサイエンス教育の義務化が議論されているが、この知識・能力が職場でどのように求められ、必要とされているかの分析結果をみると慎重に検討したほうがよいかもしれない。大学院レベル、あるいは入社後5年以上の経験を有する社会人に対するニーズかもしれない。

*

これらの前提として、近年入学してくる学生のコンピテンシーのレベルが低下傾向にあるのではないか。仕事能力や職業キャリアにとってコンピテンシーの影響が大きいと判明している一方、新入生のレベルが低下傾向にあるとすれば課題はさらに大きくなるかもしれない。

第2部

有識者からのコメントと
大学教育改革への視座

第1章

資質・能力を育てるのはキャリア教育か学習か

学校法人桐蔭学園理事長、桐蔭横浜大学学長・教授　溝上　慎一

1-1　はじめに

　筆者は、約10年前から、大学時代の学びと成長と卒業後の仕事（能力やキャリア意識）・社会（家族、地域等における社会生活）とがどのように関連するか、どのように移行するかという、いわゆる「学校から仕事・社会へのトランジション（transition from school to work and society）」研究（以下「トランジション」と呼ぶ）を行っている（溝上, 2018；溝上・松下編, 2014）。

　共同研究で2012年に行った社会人（25～39歳の正規雇用のビジネスパーソン）を対象にした調査（中原・溝上編, 2014）は、筆者の大学から仕事へと繋いだトランジション調査の第一歩であった。そこでは、図表2-1-1に示すように、大学時代の学びや生活、キャリアが仕事にどのような影響を及ぼすかが分析された。振り返り式の調査ではあったものの、大学時代の「二つのライフ（大学1・2年）」（パス係数.16、以下同様）や「主体的な学修態度」（.12）、「大学生活充実度」（.11）、「課題活動・対人関係」（.10）が、社会人の初期キャリアとしての「組織社会化」に影響を及ぼすという結果が示された。

　本書第1部の結果から「**大学時代のPROGコンピテンシー（対人・対自己・対課題基礎力）が卒業後の仕事満足度とキャリア意識に影響を及ぼす**」ことが示唆されている。変数は異なるものの、図表2-1-1のようなトランジションの命題を成り立たせる実証的知見を、パネル調査によって明らかにしたものである。貴重な示唆である。

　第1部の示唆によっていわゆる「学士課程答申」（2008年）以来、大学教育で学士力として知識・理解以外に組み込んできた汎用的技能や態度・志向性等を育てることの意義が実証的に確認されたことも重要な知見である。

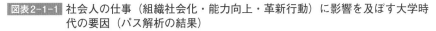

図表2-1-1 社会人の仕事（組織社会化・能力向上・革新行動）に影響を及ぼす大学時代の要因（パス解析の結果）

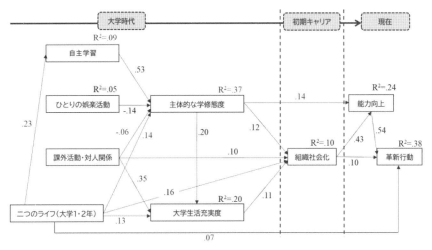

※保田・溝上（2014），図13（p.165）より

　2020年度より実施し始めた高校以下の新学習指導要領では、社会に送り出す児童生徒の資質・能力（とくに思考力・判断力・表現力等）を育てる重要性を前面に打ち出している。本書第1部の知見は、学校教育全般で児童・生徒・学生のトランジションをにらんだ施策的流れが実証的に支持されることをも示唆しているのである。

　第1部の分析では、大学時代のどのような取り組み姿勢や熱心度、学修経験等が PROG コンピテンシーの発展に影響を及ぼしたかという検討もなされている。コンピテンシーはある時点での結果としての能力を測定したスコアであるから、教育実践へのフィードバックのためには、学生のどのような学びや意識・行動がコンピテンシーのスコアに影響を及ぼしているかを併せて検討しなければならない。本章では、筆者が長年取り組んできた「二つのライフ」の指標を紹介し、コンピテンシー育成のための教育実践への示唆をより豊かにしようと思う。

1-2 キャリア意識としての「二つのライフ」が学びと成長の エンジンになる

　二つのライフは、顕在的にはキャリア意識の指標の1つであるが、潜在的にはキャリア意識を超えて学生の学びと成長に関連する、言わば学びと成長のエンジンなる指標として紹介してきた指標である。二つのライフの説明やこれまでの実証的知見は溝上責任編集（2018）でまとめているので、ここでは必要最小限の説明にとどめる。

　「二つのライフ（two lives）」とは、将来の見通し（future life）と現在の生活（present life）における理解実行の2つのライフ（将来のライフ＋現在のライフ）を組み合わせた概念である。測定では、問1で、将来の見通しを持っているかが質問される。「見通しあり」と答えた人には問2で、その見通しを実現するために何をすべきか分かっているか（理解）、そして「実行」しているかが質問される。問1と問2の2つの回答を組み合わせて、"①見通しあり・理解実行""②見通しあり・理解不実行""③見通しあり・不理解""④見通しなし"の4つのステイタスが判定される。

　典型的な関連分析の結果を、図表2-1-2（学習意欲との関連）、図表2-1-3（資質・能力との関連）に示す。"見通しあり・理解実行"の学生は"見通しなし"の学生に比べて、学習意欲を問う2つの得点が高い。資質・能力も、項目によるが、ほぼ同じ傾向が認められる。"見通しあり・理解不実行""見通しあり・不理解"の学生は、多くの場合、両者の間に得点が位置する。他の学びと成長に関する他の変数との関連を見ても、おおむね同様の結果が得られる。

　二つのライフを測定する問1では、将来の見通しを持っているかどうかを尋ねるだけであり、調査者から学習や資質・能力についての見通しを答えるようには求めていない。にもかかわらず、二つのライフのステイタスが、かくも図表2-1-2、2-1-3に示されるような学びと成長の変数と関連するのはいったいどういうわけであろうか。

　おそらく、二つのライフが潜在的なレベルにおいて、非認知能力としての特性を持っているからではないか。つまり、顕在的にはキャリア意

図表2-1-2 二つのライフと学習意欲との関連（大学生）

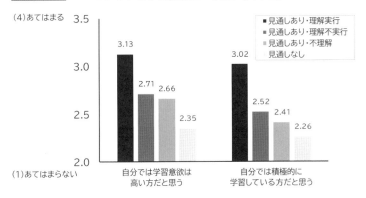

※溝上責任編集（2018），図表1-6（p.26）より

図表2-1-3 二つのライフと資質・能力との関連（大学生）

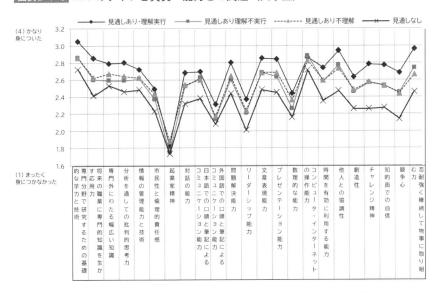

※ここで示すのは「授業で身につけた資質・能力」である。溝上責任編集（2018），
　図表1-8（p.28）には「授業外で身につけた資質・能力」も示されている。

識を問う指標でありながら、潜在的には学びと成長のエンジンともなる非認知能力を表していると考えられるのである。学術的には、ダックワースら（Duckworth et al., 2007）の「グリット（Grit）」の概念に近いかもしれない。グリットは、①長期目標に対する情熱（passion）、②粘り強さ（perseverance）から成る非認知能力の1つと考えられているもので、一般的に「やり抜く力」と説明される概念である。ポイントは、単なる「やり抜く力」ではなく、その手前で何をやり抜くかの目標（見通し）が先にあって、その上での「やり抜く力」となっていることである。

　今ここにない「将来」を認知的に表象しながら、それを今ここの「現在」の行動に接続しているかを問うのが二つのライフの構造である。二つのライフの問いを通してイメージする大学生の「将来」は、その多くが「仕事・将来に関すること」（53.2%）、「ライフスタイル（人生こういう風に過ごしたい）に関すること」（10.5%）、「大学院へ進学すること」（9.7%）である（『大学生のキャリア意識調査2019』より大学1年生の結果を紹介。詳しくは報告書を参照：https://www.dentsu-ikueikai.or.jp/transmission/investigation/about-2/）。つまり、大学生が「将来の見通し」で表象する「将来」というのは、時間的にやや先の中長期的な将来展望である。それだけ離れた将来展望を認知的に表象し、それを今ここの現在の行動に接続するというのは、高次の認知機能あるいは実行機能を操るまさに他の動物種には見られないヒトならではの高等な能力であると言えるかもしれない。このように考えるなら、「将来の見通し」の内容がどのようなものであれ、"見通しあり・理解実行"できている人が"見通しなし"の人に比べて、学びと成長のさまざまな変数で高い得点を示すことは十分理論的にも合点のいくことである。

1-3　パーソナリティ特性から学びと成長論を発展させる

　近年筆者は、心理学で提起されているパーソナリティ5因子論（Goldberg, 1992; McCrae & John, 1992参照。以下、通称の「ビッグファイブ」と呼ぶ）の中の「勤勉性」「外向性」「経験への開かれ」の因子（特性）を用いて、トランジションにおける学びと成長論を発展させている。「パーソナリティ

（personality）」にはさまざまな定義があるが（詳しくは二宮, 2006；二宮ほか, 2013を参照）、ここでは人の精神の働きや原理、一貫した個人的特徴としての個人差や独自性として表す概念と定義しておく。

　今後、トランジション研究は高校、大学、社会への移行だけでなく、人生100年時代をにらんで、成人期、中年期、老年期への移行へと拡がっていくことが予想される。そこまで考えれば、二つのライフだけでなく、学術的に広く用いられていて、年齢期や発達期を跨いで社会への適応や人の成長と関連づけられる変数を別に用意しておく必要がある。パーソナリティ特性はこの必要性に応えてくれるテーマ・発達期等を横断できる変数と考えられるものである。発達期を跨ぐ研究で例を挙げれば、青年期でビッグファイブを用いた研究がたとえばHatano et al.（2017）で見られ、老年期では権藤（2013）、Nishita, et al.（2016）などで見られる。

　勤勉性・外向性・経験への開かれの3因子は、学校教育で育てる3種類の学習態度に、多かれ少なかれ対応するパーソナリティ特性であると考えられ、二つのライフよりも直接的に学生の学びと成長を検討することができるものである。すなわち、"勤勉な""計画性のある""几帳面な"などのパーソナリティ記述への評定から算出される「勤勉性」因子は、その因子名が指す通り、学校教育での習得的な学習における、いわゆるまじめで計画的に取り組む学習態度に対応している。学校教育で育てられるべき学習の基礎中の基礎であると言えるだろう。次に、"話し好き""外交的""無愛想な（逆転）""意思表示しない（逆転）"などのパーソナリティ記述への評定から算出される「外向性」因子は、近年求められるアクティブラーニングを通して育てられるべき学習態度に対応している。とりわけペアワーク、グループワークなどの議論や話し合いを有意義な活動とするためには、メンバーそれぞれの外向的なパーソナリティ特性を必要とするだろう。最後に、"好奇心が強い""想像力に富んだ""進歩的""臨機応変な"などのパーソナリティ記述への評定から算出される「経験への開かれ」因子は、既知の世界に満足することなく、世の中の新しい課題や正解が1つとは限らない開かれた問題などに積極的に関心を示し取り組む学習態度に対応している。アクティブラーニングで与えられる開かれた問題への取り組みや探究的な学習を有意義に行うときに必要

となるパーソナリティ特性であると考えられる。

　勤勉性・外向性・経験への開かれは、社会人の仕事とも関連していると考えられる。まず勤勉性は、職場で働く基礎的な就業態度に対応する。これは問題ないだろう。次いで外向性や経験への開かれであるが、先にこれらは学校教育のアクティブラーニングや探究的な学習を通して育てられる学習態度に対応していると述べた。これらの学習態度は、そもそも今日あるいはこれからの変化の激しい、問題解決型の社会を見据えて学校教育の中で生徒の資質・能力を育てるべく求められてきたものである。仕事・社会での必要性を想定したものであったのだから、社会人の仕事に関連するパーソナリティ特性と見なして取り扱っていくことに問題はない。

　このような問題意識の上で、大学生を対象に「勤勉性」「外向性」「経験への開かれ」のパーソナリティ特性を測定し、その組み合わせを潜在プロフィール分析（LPA: latent profile approach）によって分類した結果（「Pタイプ」と呼ぶ）が図表2-1-4である（調査概要や分析の詳細は溝上, 2020, 2021を参照）。Pタイプの特徴を見ると、Pタイプ1は3つのパーソナリティ得点がすべて高いタイプ、Pタイプ3はすべて中程度のタイプ、Pタイプ5はすべて低いタイプである。他方で、Pタイプ2は勤勉性の得点は低いが、外向性、経験への開かれの得点は高いタイプであり、Pタイプ4は勤勉性の得点は高いが、外向性、経験への開かれの得点は低いタイプである。

図表2-1-4 Pタイプの特徴（大学生）

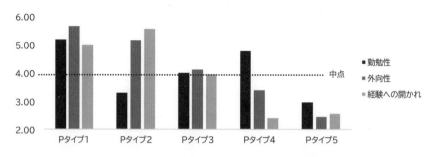

※溝上（2020），図表15（p.77）より。調査概要や分析の詳細は溝上（2021）を参照

　図表2-1-5に、Pタイプと主体的な学習態度、AL外化、資質・能力（他者理解力、計画実行力、コミュニケーション・リーダーシップ力）との関連を示す。一要因分散分析の結果、いずれもタイプ間で0.1％水準の有意差が見られた。効果量（η^2）も中から大と大きく、タイプ間の差が十分認められる結果であった。具体的には、主体的な学習態度以外のすべての変数で、Pタイプ4がPタイプ5に近い特徴を示していた。他方で、Pタイプ2はPタイプ1と同程度かそれに近い特徴を示していた。

　この結果が示唆することは、近年の大学（学校）教育改革で推進されるアクティブラーニングや探究的な学習、そして育成されるべき資質・能力に大きく関連するのが、パーソナリティ特性の中のとくに「外向性」と「経験への開かれ」だということである。もちろん、Pタイプ1に認められるように、「勤勉性」も重要なパーソナリティ特性であることは言うまでもないが、「勤勉性」だけが高くても、アクティブラーニングや探究的な学習、そして資質・能力の得点が高くならないのは、Pタイプ4の特徴を見ればわかることである。

　同じ大学生データを用いて二つのライフとの関連も検討しているので、そ

図表2-1-5 Pタイプと主体的な学習態度他との関連（大学生）

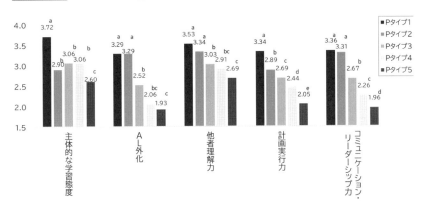

※溝上（2020），図表16（p.78）より。調査概要や分析の詳細は溝上（2021）を参照。
※タイプ間の差の検定でaのみ、bのみと記載されれば、aはbよりも有意に得点が高い（低い）ことを表している。abというのは、aとbに有意な差が認められず、跨がっていることを表している。

の結果を図表2-1-6に示す。

　"見通しあり・理解実行""見通しあり・理解不実行"を合算した割合はPタイプ1で最も高く（59.1＋25.7＝84.8%）、Pタイプ5で最も低い（5.4＋23.2＝28.6%）。逆に、"見通しあり・不理解""見通しなし"の割合はPタイプ5で最も高く（6.3＋65.2＝71.5%）、Pタイプ1で最も低い（7.0＋8.3＝15.3%）。パーソナリティ特性が中程度のPタイプ3は、これらPタイプ1とPタイプ5の中間的な傾向を示している。全体的に、Pタイプと二つのライフは密接に関連していると言える。なお、Pタイプ1とPタイプ5とを比べて、二つのライフとの関連において50〜60%ものズレが生じているこの結果は、かなり衝撃的である。

　勤勉性は低いものの外向性・経験への開かれが高い、多くの場合Pタイプ1に近い特徴を示すPタイプ2と、勤勉性は高いものの外向性・経験への開かれが低い、多くの場合Pタイプ5に近い特徴を示すPタイプ4は、二つのライフとの関連でどのような傾向を示しているだろうか。図表を見ると、Pタイプ2は"見通しあり・理解実行""見通しあり・理解不実行"の割合、"見通しあり・不理解""見通しなし"の割合いずれにおいてもPタイプ3のそれに近く、Pタイプ4の割合はPタイプ3とPタイプ5の中間的な傾向を示している。Pタイプ2とPタイプ4の傾向は、上述したものに近いと理解

図表2-1-6 Pタイプと二つのライフとの関連（大学生）

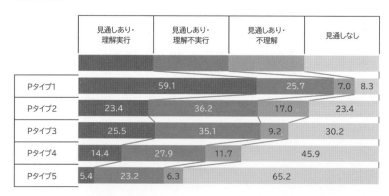

	見通しあり・理解実行	見通しあり・理解不実行	見通しあり・不理解	見通しなし
Pタイプ1	59.1		25.7	7.0　8.3
Pタイプ2	23.4	36.2	17.0	23.4
Pタイプ3	25.5	35.1	9.2	30.2
Pタイプ4	14.4	27.9	11.7	45.9
Pタイプ5	5.4	23.2	6.3	65.2

※溝上（2020）、図表18（p.83）より。調査概要や分析の詳細は溝上（2021）を参照

してよい。

1-4　パーソナリティ特性と二つのライフはどのような構造的関連
で資質・能力へ影響を及ぼしているか

　トランジションをにらんだ大学生の学びと成長論において、二つのライフとパーソナリティ特性はいずれも、近年の大学教育改革で推進されている主体的な学習態度やAL外化、資質・能力と関連する指標である。PROGコンピテンシーにも関連すると十分に考えられる。しかしながら、教育実践的にはそれぞれ異なる示唆へと導かれる指標である。つまり、キャリア意識を表す二つのライフは、キャリア教育に示唆する指標であり、3種類の学習態度（習得的な学習、アクティブラーニング、探究的な学習）に対応すると考えられるパーソナリティ特性は、主として正課教育での教授学習に示唆する指標である。

　両指標の特徴をこのように押さえた上で、本章の最後に検討するのは、果たして二つのライフ、パーソナリティ特性はどのように構造的に関連し合い、主体的な学習態度、AL外化、資質・能力に構造的に影響を及ぼしているのかということである。本書のPROGコンピテンシーと関連させて簡単に言い直せば、PROGコンピテンシーに相当する資質・能力により大きく影響を及ぼしているのは、二つのライフとパーソナリティ特性のいずれか、という問いに対する検討である。

　1-3と同じデータを用いて、分析で使用する変数の相関係数を図表2-1-7

図表2-1-7 使用変数の相関係数

変数	性	偏差値	勤勉性	外向性	経験への開かれ	主体的な学習態度	AL外化	資質・能力
性	−							
偏差値	.046*	−						
勤勉性	−.005	.028	−					
外向性	.117**	.061**	.316**	−				
経験への開かれ	−.014	.126**	.182**	.448**	−			
主体的な学習態度	.042	.005	.400**	.181**	.250**	−		
AL外化	.001	.101**	.222**	.425**	.466**	.395**	−	
資質・能力	.131**	.102**	.342**	.451**	.537**	.419**	.595	−

* *p*<.05　** *p*<.01

図表2-1-8 資質・能力への二つのライフ・パーソナリティ特性の構造的影響（モデル1）

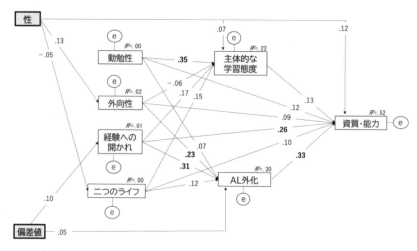

※モデル適合度：χ2(8)=12.757, *n.s.*, *CFI*=.999, *RMSEA*=.017, *AIC*=104.757
※図表中のパス係数はすべて*p*<.05以上で有意である。誤差項の相関はすべて省略している。パス係数.20以上を太字にしている。
※性（男性=1, 女性=2）と偏差値（河合塾の偏差値ランキングを利用：偏差値60以上=3, 50-59=2, 49以下=1）。その他の調査概要や分析の詳細は溝上（2021）を参照。

図表2-1-9 資質・能力への二つのライフ・パーソナリティ特性の構造的影響（モデル2）

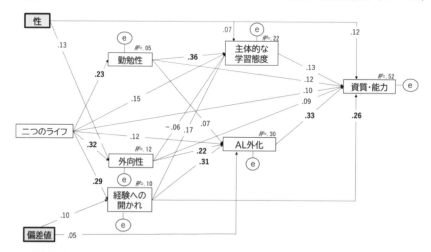

※モデル適合度：χ2(7)=7.507, *n.s.*, *CFI*=1.000, *RMSEA*=.006, *AIC*=101.507
※他は図表2-1-8に同様

に、2つのモデルでパス解析を行った結果を図表2-1-8（モデル1）と図表2-1-9（モデル2）に示す。両モデルとも、パーソナリティ特性（勤勉性・外向性・経験への開かれ）から主体的な学習態度、AL外化を媒介して資質・能力の育成に影響を及ぼすと仮定する点では共通しているが、二つのライフの位置（因果関係）は異なっている。1-3で述べたように、パーソナリティ特性は3種類の学習態度に対応するものと考えられており、パーソナリティ特性から主体的な学習態度、AL外化へパスを引くことには理論的な対応がある。それに対して二つのライフは、これまでの知見から、潜在的には学びと成長の変数（たとえば主体的な学習態度やAL外化、資質・能力）に影響を及ぼすことが明らかであるが、パーソナリティ特性と同列のものかどうかは明らかではない。図表2-1-8のように、パーソナリティ特性と同列に置いて、主体的な学習態度やAL外化、そして資質・能力に影響を及ぼすと考えることもできれば、図表2-1-9のように、パーソナリティ特性の手前に置いて、パーソナリティ特性に潜在的に影響を及ぼしつつ、主体的な学習態度、AL外化、資質・能力にも影響を及ぼすと考えることもできる。いずれのモデルが妥当であるかはAIC（赤池情報量基準）の低い方の値を見て判断することとする。

　なお資質・能力は、分析を単純化するために、1-3で扱った「他者理解力」「計画実行力」「コミュニケーション・リーダーシップ力」を1つにまとめて分析を行っている（$a = .882$）。また、モデルには統制変数として性と所属する大学の偏差値を組み込んで分析を行っている。

　分析の結果、両モデルともにχ^2値、CFI、RMSEAのモデル適合度は十分な値であった。AICはモデル2の方が小さく、二つのライフは、パーソナリティ特性にも影響を及ぼしつつ主体的な学習態度、AL外化、資質・能力にも影響を及ぼすというモデル2の構造で理解されることが明らかとなった。

　図表2-1-9を見て、以下5点の考察を行う。

（1）　資質・能力に最も影響を及ぼしていたのはAL外化（パス係数 .33、以下同様）であり、次いで経験への開かれ（.26）であった。経験への開かれはAL外化にも影響を及ぼしており（.31）、資質・能力に直接的・間接的に影響を及ぼす変数であることがわかる。1-3で述べたように、経験

への開かれは、アクティブラーニングや探究的な学習に対応するパーソナリティ特性であると考えられている。これらの結果は、本書のテーマである資質・能力を育てる教育実践として、アクティブラーニングと探究的な学習が直接的には重要であることを示唆している。

（2）　AL外化には、経験への開かれ（.31）、外向性（.22）が大きな影響を及ぼしており、主体的な学習態度には勤勉性（.36）が大きな影響を及ぼしていた。経験への開かれは主体的な学習態度にも影響を及ぼしているが（.17）、大きくはAL外化には経験への開かれと外向性が、主体的な学習態度には勤勉性が影響を及ぼしているという結果である。主体的な学習態度がどちらかと言えば習得的な学習に求められる学習態度であると考えれば、大きくは、「勤勉性」「外向性」「経験への開かれ」が3種類の学習態度に対応するパーソナリティ特性であると論じた1-3の見方を一定程度支持する結果だと言えよう。ただし、必ずしもAL外化＝探究的な学習とは限らないので、この部分の検討は今後の課題である。

（3）　二つのライフは勤勉性（.23）、外向性（.32）、経験への開かれ（.29）のすべてのパーソナリティ特性に大きな影響を及ぼしていたが、主体的な学習態度、AL外化、資質・能力への直接的なパスは係数はすべて.20未満であった。この結果は、これまで説いてきた、二つのライフが顕在的なキャリア意識を超えて、潜在的に学びと成長のエンジンであるという知見を、パーソナリティ特性を組み込んだモデルにおいてさらに示唆するものである。

（4）　今後モデルにおける習得的な学習や探究的な学習の構造的関連性を検討する課題は残るものの、図表2-1-9で扱った変数だけで、資質・能力の説明率（R^2）が52％になることは大きな結果である。モデルで扱った変数自体が、大学生の資質・能力を育成する大きな実践的視点となることを示唆している。

（5）　統制変数として組み込んだ性、偏差値の影響についてである。.10以上のパス係数をもって考察すると、影響が見られるのは、性において外向性（.13：女性においてより影響がある）、資質・能力（.12：女性においてより影響がある）であり、偏差値において経験への開かれ（.10、偏差値の高い大学の学生においてより影響がある）であった。

まとめ

　本章は、本書第1部の卒業生調査の結果から示唆された「大学時代の PROG コンピテンシー（対人・対自己・対課題基礎力）が卒業後の仕事満足度とキャリア意識に影響を及ぼす」という知見を受けて、トランジションをにらんだ資質・能力（本書では PROG コンピテンシーに相当するものと仮定）を育てるための大学生の学びと成長について論じたものである。

　本章が示した示唆は、次の3点にまとめられる。

① 　資質・能力を育てる教育実践として、アクティブラーニングと探究的な学習が直接的には重要である。

② 　「勤勉性」「外向性」「経験への開かれ」が3種類の学習態度（習得的な学習、アクティブラーニング、探究的な学習）に対応するパーソナリティ特性であることが、一定程度支持された。

③ 　キャリア意識としての二つのライフが直接的に資質・能力を育てるわけではなく、パーソナリティ特性や学習（本章で扱った変数では主体的な学習態度、AL 外化）を媒介して、潜在的な学びと成長のエンジンとなる。

　以上の示唆は本章で扱った概念や変数に限ってのものであり、今後、大学生活のさまざまな活動やキャリア教育などを関連づけてさらなる検討を行っていかねばならないことは言うまでもないことである。本章の不十分な箇所、文中で述べた課題については、引き続き取り組んでいきたい。

【文献】

・Duckworth, A. L., Peterson, C., Matthews, M. D., & Kelly, D. R.（2007）. Grit: Perseverance and passion for long-term goals. *Journal of Personality and Social Psychology, 92*(6), 1087-1101.

・Goldberg, L. R.（1992）. The development of markers for the Big-Five factor structure. *Psychological Assessment, 4*(1), 26-42.

・権藤恭之（2013）.「パーソナリティと長寿に関する研究動向」『老年社会科学』35（3）, 374-383.

・Hatano, K., Sugimura, K., & Klimstra, T. A.（2017）. Which came first, personality traits or identity processes during early and middle adolescence? *Journal of Research in Personality, 67*, 120-131.

・McCrae, R. R., & John, O. P.（1992）. An introduction to the five-factor model and its applications. *Journal of Personality, 60*（2）, 175-215.

・溝上慎一（2018）.『学習とパーソナリティ――「あの子はおとなしいけど成績はいいんですよね！」をどう見るか』東信堂.

・溝上慎一（2020）.『社会に生きる個性――自己と他者・拡張的パーソナリティ・エージェンシー』東信堂.

・溝上慎一（2021）.「（データ）大学生の学びと成長をパーソナリティ特性から見る（その2）」ウェブサイト http://smizok.net/education/subpages/a00044(uni_ptype2).html（2021年8月11日更新）

・溝上慎一（責任編集），京都大学高等教育研究開発推進センター・河合塾（編）（2018）.『高大接続の本質――「学校と社会をつなぐ調査」から見えてきた課題』学事出版.

・溝上慎一・松下佳代（編）（2014）.『高校・大学から仕事へのトランジション――変容する能力・アイデンティティと教育』ナカニシヤ出版.

・中原淳・溝上慎一（編）（2014）.『活躍する組織人の探究――大学から企業へのトランジション』東京大学出版会.

・二宮克美（2006）.「パーソナリティとキャラクター」二宮克美・子安増生（編）『パーソナリティ心理学』新曜社, pp.2-5.

・二宮克美・浮谷秀一・堀毛一也・安藤寿康・藤田主一・小塩真司・渡邊芳之（編）（2013）.『パーソナリティ心理学ハンドブック』福村出版.

・Nishita, Y., Tange, C., Tomida, M., Otsuka, R., Ando, F& Shimokata, H.（2016）. Personality and global cognitive decline in Japanese community-dwelling elderly people: A 10-year longitudinal study. *Journal of Psychosomatic Research, 91*, 20-25.

・保田江美・溝上慎一（2014）.「初期キャリア以降の探究――『大学時代のキャリア見通し』と『企業におけるキャリアとパフォーマンス』を中心に」中原淳・溝上慎一（編）『活躍する組織人の探究――大学から企業へのトランジション』東京大学出版会, pp.139-173.

（付記）

　本研究は、公益財団法人電通育英会の研究支援助成を受けて行われています。長年にわたって支援してくださる電通育英会の皆さまに心よりのお礼を申し上げます。また、本章で用いた「アクティブラーニング」や「探究的な学習」などの概念や理論の最新の説明、図表2-1-4～2-1-9の詳細を説明する調査レポートは、「溝上の教育論」（http://smizok.net/education/）にあります。併せてご覧ください。

第2章

卒業生調査からみた大学教育の効果

東京薬科大学特命教授、東京工業大学名誉教授　矢野　眞和

2-1　同窓生調査による教育効果の見える化

　「大学に行っても何のメリットもありませんよ。大学に進学する必要があるとは思えません」。大学の数が多すぎるという話の流れで、そんな発言をする有名人は少なくない。

　こんな言葉を耳にするたびに、私は「そう、あなたは大学に行く必要がなかった」とつぶやいてしまう。大学の外に知識があふれている社会では、自分で調べ、自分で学ぶ術を完全に習得している（あなたのように）有能な人は、わざわざ大学に進学する必要はないかもしれない。そんなつぶやきはともかく、有名人の言説に影響を受ける人もいるから、根拠の乏しい個人的感想をメディアに流すのはやめてほしいと思う。影響を受ける不幸は、それほど有能でない人が、「大学に進学する必要はないんだ」と信じてしまい、大学に進学せず、自分で学ぶ術を習得する機会を失ってしまうことだ。昔は、有能な人が大学に進学する時代だったが、これからの知識社会は、それほど有能でない人こそ大学に進学して、自分で調べ、自分で学ぶ術を習得し、溢れる情報を仕分ける力を身につける必要がある時代だと私は思う。

　大学教育の効果について少しは研究を重ねてきた私は、「役に立っていない」のではなく、「役に立たないと思い込んでいるだけだ」という仮説をもっている。つまり、実際の機能からみた「役に立つ、立たない」というレベルと、どのように思っているかという認識レベルの「役に立つ、立たない」の2つは、ずらして考えた方がいい。機能と認識の両面から「役に立つ、立たない」を組み合わせると教育効果についての見方は、次の4つの窓に分けられる（図表2-2-1）。

　機能からみても実際に「役に立たず」、認識としても「役に立たない」と思っているとすれば、大学教育が「空洞」化しているという説になる。その

対極にあるのが、機能と認識の2つ共に「役に立っている」とする「実質説」になる。

この2つの説とは別に、機能的には「役に立っている」にもかかわらず、「役に立っていない」と思っている窓がある。これが私の見立てである。教育効果があるのに、見えにくくなっているという意味合いを込めて「隠蔽説」と呼ぶことにした。この対極に、「役に立っていない」にもかかわらず、「役に立っている」と思っているケースがある。役に立たないのに、役立つと思わせるように喧伝するようなもので、「陰謀説」だといえる。

このような見方を提示したのは、20年以上も前のことであり、その頃から大学の教育改革が盛んになりはじめた。その後に長く続く改革のトーンは、空洞化している日本の大学教育を改め、教育を実質化すべきだという潮流になった。「空洞説」から「実質説」に転換するのが改革だという発想に憑かれている感じだ。そこでは、過去は全面的に「悪」で、改革が全面的に「善」ということになりやすい。これはかなり危険な発想である。デジタル化の影響は大きいにしても、過去にない画期的な教育が新しく編み出される可能性はあまりない。過去の良いところと悪いところをしっかり識別することの方が大事だ。

良し悪しを識別するためには、よく見えないけれども役に立っている実態を掘り起こして、目に見えるようにすることからはじめるのが賢明だ。つまり、隠蔽説から実質説への転換を図るピースミールな改善が、声高な改革よりも健全だと思う。

隠蔽説が成立する背景には、大学と企業の日本的雇用関係があると私は解釈してきたが（拙著『教育社会の設計』東京大学出版会、2001年）、同時に、隠蔽されているベールを剝がすにはどうすればよいかも模索してきた。隠蔽された教育効果の見える化を探りつつ、実験的な試みを始めたのが、卒業生調査という方法だった。

図表2-2-1 教育効果の有効性：4つの窓と教育改革

認識＼機能	役に立っている	役に立っていない
役立つと思っている	実質説	陰謀説
役立たないと思っている	隠蔽説	空洞説

改善／改革

　簡単に言えば、こういう発想だ。教育効果の実証分析の典型は、経済学の人的資本理論と社会学の社会階層理論である。そこでは、教育が本人の所得や職業的地位に与える影響に焦点があてられるが、問題になるのは、学歴・学校歴・偏差値ランクという外形変数の効果と教育の効果の識別がつかないところにある。教育の効果を測定したつもりでいても、それは見かけのことで、学歴という潜在能力の効果にすぎないという反論に対抗できない。

　この識別問題を解決するには、国家的な大規模調査プロジェクトを必要とするが、そのような研究を立ち上げる機運はみられない。一研究者にできる範囲で考えたのは、同じ大学の卒業生（＝同窓生）だけを対象にすれば、学歴・学校歴という面倒な変数を同一にできるという発想だった。同じ大学の同じ教育環境で学んだ卒業生も学習の濃淡はさまざまである。同じ大学における異なった学び体験が、卒業後のキャリアにどのような違いをもたらすか、という視点を導入すれば、大学時代の学びが、今の仕事に与える影響を読み取れるのではないかと考えた。そこで文科省の科学研究費補助金に申請したのが、「大学生の知識・教養の獲得とキャリア形成に関する研究 —— 理工系大学を中心に」（2002年-2004年）である。

　国立・私立を含む5大学の工学部卒業生を対象に調査したが、その分析経験から提唱したのが「学び習慣仮説」である（拙稿「教育と労働と社会」『日本労働協会雑誌』2009年7月号）。年齢と企業規模という基礎変数に加えて、在学中の学習の「熱心度」、「卒業時」に身につけた知識能力、「現在」身につけている知識能力などを調査し、所得を規定する直接的な要因を探索する分析を行った。その結果によると、在学中の学び（熱心度や卒業時の知識能力）は所得に直接的な影響を与えない。しかし、在学中の学びは、現在の知識能力を媒介にして、所得に間接的に影響していることが分かった。プラスに影響する効果を「→」で表示すると、在学中の学びの熱心度→卒業時の知識能力→現在の知識能力→所得という順にプラス効果の経路が成立している。

　「在学中の熱心な学び体験」は、深く静かに身体化し、それが見えざる財産になって、「現在の知識能力」を支え、その結果、所得が向上するという関係である。読書の頻度についても調査したが、同じ構図になっている。在

学中に読書しているほど現在も読書し、現在の読書量が多いほど所得も高い。生涯に学び続けるためには、在学中に学ぶ習慣を身につけるのが望ましいということになる。こうした経路の存在を学び習慣仮説と呼ぶことにした。大事なポイントを付記しておく。5大学の平均所得は、統計的に有意な差があり、いわゆる学校歴による平均所得の差はこの調査でも認められる。しかし、個別大学を取り上げれば、有名大学であろうとなかろうと、いずれの大学でも学び習慣仮説が成り立っている。私たちの卒業生調査は、同窓生調査である。

隠蔽されているベールを剥がしたとは言わないが、「大学に行っても何のメリットもありませんよ」というのは事実誤認だし、大学教育の空洞説は思い込みにすぎるだろう。空洞説を暗黙の前提にして改革を主張する前に、隠蔽された日本の大学教育の実像を浮き彫りにすることが先だと思う。もちろん、隠蔽された学びのすべてがうまく機能しているわけではないし、実際に空洞化している部分もあるだろう。役に立たないのに、役に立つかのように喧伝する大学の「陰謀説」も部分的にあるかもしれない。

そんな調査経験があったから、東京工業高等専門学校の古屋一仁校長（当時）から「高専を研究してみませんか」というお誘いを受けたとき、高専の卒業生調査をしようと即断した。13高専を対象にした調査の成果は、共同研究者との共著として出版した（共編著『高専教育の発見』岩波書店、2018年）。この他にも文科系の卒業生調査に関与した経験もあり、2017年には、東京薬科大学（薬学部と生命科学部）の同窓生調査にも参画した。

以上の経験を踏まえながら、リアセック調査を重ねて、卒業生調査という方法が、大学教育の実像を描く有力なツールであることを具体的に紹介したいと思う。

2-2 リアセック卒業生調査の意義

教育効果の見える化に関連して重要なのは、獲得した能力の見える化である。争点は2つある。学校で獲得した能力と社会人として獲得した能力のそれぞれをどのように測定（テスト）するかという方法の問題、および学校と

社会の2つの能力の間にどのような関係があるかという問いである。

　前者の能力測定については、学校と企業がさまざまな工夫を重ねてきた歴史があるが、近年、注目されているのは、学校の能力と社会の能力の関係性である。とりわけ、アメリカにおけるコンピテンシー（competency）概念の導入が大きなインパクトになった。この概念の提唱は、採用する時のテスト成績と配属後の実績の相関が小さいという悩ましい人事管理問題が契機になっている。この問題を解くために、高い実績をあげている人の行動特性を把握するという方法が開発され、優れた行動特性の全体をコンピテンシーと呼ぶようになった。高い実績をあげるコンピテンシーをベースに採用テストを開発すれば、採用と配属のミスマッチが緩和されるという理屈になる。

　この悩ましい人事管理問題は、大学の学業成績と企業の実績との間に正の相関が見られないという古くからの大学教育問題と同型であり、それが教育効果無効説の根拠にもなっている。しかし、企業の実利に貢献するのが教育の目的ではないという大学理念によって、実利的な教育効果無効説は深刻な社会問題にならずにすんできた。ところが、この20年の大学改革は、空洞説から実質説への転換を求めており、あわせて、企業に役立つ人材の育成に貢献する大学教育が求められるようになった。そうなれば勢い、大学で獲得した知識能力を企業の必要とする知識能力に近づければよいという手続きになり、社会人として有望な行動特性（コンピテンシー）を持つ学生を卒業させるのが教学マネジメントの1つの柱になったりする。

　大学生のコンピテンシーを測定するテストを開発したPROGが、この10年間で480校の大学で活用されるようになったのは驚きであり、教育ニーズの時代変化を象徴している。PROGの意義と成果については、すでに多くの報告があるのでそちらに委ねたい。私自身は詳しくないが、今までは在学中の学習経験とPROGとの関係に焦点があてられていたと思う。ところが、今回の「13大学卒業生調査」は、学習経験とPROGが、卒業後の職業キャリアにどのような影響を与えているか、という卒業後のフェーズが導入されており、教育効果の見える化に関心を持ってきた立場として、とても興味深い。教育効果の研究分野に新しい知見を提供してくれそうで大いに期待している。

調査分析の成果を読んだ上でのコメントではなく、報告書の目次構成と部分的な分析事例を見せていただいた段階での執筆になるが、私がこれまで行ってきた卒業生調査の問題関心と重なるところが多い。重なるテーマを3つ取り上げ、それぞれの課題と私たちの事例を紹介する。

2-3　学業成績と身についた能力がキャリアに与える影響

　「大学教育とキャリアの繋がり」が本報告のメインテーマになっており、それは「教育の効果」を考えるテーマそのものである。教育経済学の理論を実証してきた研究履歴もあって、私の分析事例では、教育が所得に与える影響（＝効果）を取り上げることが多い。それも教育効果の一部だが、在学中の学びが卒業後にどのような影響を与えるか、という効果の範囲はすこぶる広い。

　卒業後3年から6年の若手社会人を対象としている今回のリアセック調査では、所得という変数を取り上げる価値はほとんどない。20代の所得は、個人の資質よりも、業種や企業規模および年齢といった環境変数によって決まりやすいからである。個人の資質が所得を大きく左右するようになるのは、40歳以降のことであり、それが日本的雇用の特質である。したがって、業種・企業規模・転職などを職業キャリアの変数にしているのは賢明だと思う。

　こうしたキャリア変数にあわせて、キャリア意識の調査項目が興味深い。6つの質問項目は、総じていえば、現在の仕事にどれほどコミットし、充実しているかを示している。初期キャリア世代の働きぶりで重要なのは、職場にうまく適応できるかどうかにある。教育効果の視点からみれば、在学中の学業成績やサークル活動、さらには身についた能力やPROGといった学習経験が、仕事へのコミットメントを高めるように作用しているかどうか、という問いになる。

　その成果は、本報告で詳しく検討されているが、際立つのは、PROGとキャリア意識との相関が極めて顕著に現れているところにある。優れた社会人としての行動特性（コンピテンシー）を身につけているかどうかを測定しているのがPROGだとすれば、このテスト得点が高いほど卒業後の仕事に

よくコミットしていることになる。PROG は、教育機能の1つである「職業的社会化」の見える化に成功しているといえる。

　PROG の性質に絡めて興味深いのは、学業成績の効果である。13大学の平均的学力も学業成績の評価基準も異なるにもかかわらず、学業成績と「Q10-5　現在の職場で評価されている」の相関係数がかなり高いのは面白い。学業成績が認知能力の指標として有効に機能していると考えられる一方で、学業成績は、勤勉性という非認知能力の指標だという解釈も成り立つように思う。学業に勤勉な人ほど成績が高く、そういう人は仕事に就いても勤勉に働くだろう。学業成績と職場評価の間に相関関係が成り立つのは、認知的知識の効果だけではなく、両者の背後にある勤勉性という共通の非認知能力かもしれない。認知能力よりも非認知能力が大事だとする説が注目されているが、この2つは相互に独立している（Independent）ように見えて、相互に浸透している（Interpenetrate）と考えるのがよいと思う。

　大学の学業成績が卒業後のキャリアに与える効果については、しばしば話題には上るが、その研究は思いのほか少ない。学業成績と PROG の関係性を踏まえて、この2つがキャリアに与える効果の分析を深めてほしい。

2-4　学業成績・身についた能力・大学満足度 ── アウトプットの3要素

　本報告第1部第2章2-5節では、「大学時代のさまざまな経験」と「身に付いた能力」の関係が分析されている。どのような経験をすれば高い能力が身につくか、という関心からの分析であり、一般的にいえば、教育のアウトプットを高める要因の分析になる。

　この要因が分かれば、教育システムの効率化に役立つかもしれないが、そもそも何を教育のアウトプットにするかが一意的に定まらない。認知能力の獲得（学業成績）が代表的な指標だが、最近では、認知能力以外の能力を身につけたかどうかが注目されている。リアセックも「身につけた17の能力」を調査している。学業成績と身についた能力の2つに加えて、在学中の満足度もアウトプット指標だと私は判断している。「満足して卒業する」、あるいは「不満のままに卒業する」というのは、大学で過ごした学びの効用を

全体的に評価した指標だとみなせるからである。

　高専の卒業生調査では、この3つのアウトプットを想定し、「入学前と在学中のどのような学び経験」がアウトプットを高める要因になっているかを分析した。その事例を紹介しておく。学業成績は5段階評価、学校満足度は4段階評価。身についた能力については、エンジニアとして必要な能力を取り上げ、それぞれの能力を卒業時に「十分身につけていた」から「まったく身につけていない」までの5段階評価で質問した。取り上げた能力は、「実験から問題の本質をつかむ力」「自分で考えながらモノづくりする力」「新たなアイデアや解決策を見つけ出す力」「協働する力」「プレゼンテーション能力」の5つである。

　この3つのアウトプットを従属変数として、18項目の学び経験が及ぼす直接的な影響をみるために重回帰分析を行った（図表2-2-2）。表には、標準

図表2-2-2 教育のアウトプットに影響する要因

入学前と在学中の学び経験	三つのアウトプット		
	学業成績	学校満足度	卒業時汎用能力
中学時代に機械ロボットが好き	-.055		.096
中学3年時の成績	.050		
専門科目の講義に熱心	.312		
専門の実験・実習に熱心			.169
卒業研究に熱心	.075		.100
人文社会系科目に熱心			-.048
理数系一般科目に熱心	.161		.045
英語の学習に熱心	.044		
工場実習・インターンシップに熱心	-.049		.106
部・サークル活動などに熱心		.104	.100
ワクワクする専門科目の割合		.079	.095
きめ細かい個人指導が受けられた		.046	.083
受験がないためのびのびした生活		.169	.044
よい教師にめぐりあえた		.129	.079
よい友人にめぐりあえた		.317	.100
学校時代の読書頻度（マンガ除外）		-.057	.103
学校時代の自習時間	.105		
就職ダミー（就職＝1／進学＝0）	-.211		-.067
自由度調整済みR2乗	.336	.285	.323

化した偏回帰係数のみを記し、空欄は、直接的に影響を与えていない変数である。係数の大きさと空欄に、3つのアウトプットの性質の違いが顕著に現れている。

　まず、学業成績をみてほしい。学業成績を規定する要因のうち係数が最も大きいのは「専門科目の講義に熱心」に取り組んだである。加えて、「理数系の一般科目」「卒業研究」「英語の学習」にも熱心に取り組んでいる。さらに、「自習時間」が多い一方で、「よい教師」や「よい友人」とのめぐりあいは無関係だ。学業成績の良い学生は、教師の指導による勉強ではなく、主体的に自立した学習をしている。中学校の成績も高く、卒業後には大学に進学する者が多く、総じて勤勉な学生でもある。符号がマイナスになっている2変数にも彼らの特性がよく現れている。「中学時代に機械やロボットが好き」だったわけではなく、在学中も「工場実習やインターンシップ」にはあまり熱心ではない。成績優秀者は、実践的エンジニアというよりも、勤勉な「理論派」だといえそうだ。

　その一方で、学校満足度の高い人は、理論派とは対照的で、授業科目の熱心度には関係なく、すべて空欄になっている。ただし、部・サークル活動だけは熱心に取り組んでいる。係数が最も大きいのは、「よい友人とのめぐりあい」であり、「のびのびした生活」を楽しんだようである。友人・サークルを大事にする「友好派」だが、勉学とは無関係に満足度が高いわけではない。「ワクワクする専門科目」が多く、「きめ細かい個人指導」と「よい教師とのめぐりあい」に恵まれたと感じている。そして満足度は、高専に入学する前の特性に関係がなく、入学後の学習機会に左右されるという特徴を持っている。

　第3の身についた能力（5つの能力の総合点。図表2-2-2の卒業時汎用能力）は、学業成績とも満足度とも異なっている。「中学時代からロボットや機械好き」で、講義科目よりも、「実験・実習」と「卒業研究」に熱心であり、「工場実習やインターンシップ」にも熱心に取り組んでいる。つまり、高専教育の長所として語られる看板科目に積極的な「実践派」である。それだけでなく、「部・サークル活動」も好きであり、「読書」する人が多く、幅広い関心をもち、「きめ細かい個人指導」「よい教師とのめぐりあい」「よい

友人とのめぐりあい」に恵まれたと感じている。

　このように、学生たちは、多様な動機を持ちつつ、学習の機会を取捨選択し、自分たちの興味を実現させている。その結果が3つのアウトプットに反映しているといえる。学業成績を重視する勤勉な「理論派」と満足度の高い「友好派」とエンジニアとしての汎用能力が高い「実践派」が共存しながら学んでいる複数の実像は、1つのアウトプットに限定して教育システムの効率化を図るよりも教育的に優れていると思う。企業の生産現場においても、理論派・実践派・友好派の混成チームの方が、実践派だけのチームよりも生産性が高いと思うがどうだろうか。

2-5 「現在、身につけていると思う」自己効力感と学び習慣仮説

　学業成績と満足度の測定は難しくないが、「身につけている能力」の測定は難しい。PROG は貴重な試みだが、在学生だけでなく、現役の社会人の調査もしてほしいと期待している（1年ほど前から社会人向けの調査がトライアルとして始まり、すでに70社を超える企業の利用が進んでいると聞く。さらなる拡大に期待する）。

　社会人としての本人の力量がキャリアの豊かさを左右し、この本人の力量を支えているのが学校時代の学びだというのが、学び習慣仮説の骨子である。したがって、教育効果の見える化を図るためには、本人の力量の見える化がどうしても必要になる。本人の力量を社会人力と呼ぶことにするが、PROGによって社会人力が分かれば、その社会人力と在学中の学びとの関係性が一層明確になり、隠蔽された教育の効果が露わになると期待できる。

　一研究者が社会人力を測定するには、シンプルな調査方法を選択するしかない。常套手段ではあるが、私たちも、「〜という力を身につけていると思いますか」と質問し、「かなり身につけている」「やや身につけている」「どちらともいえない」「あまり身についていない」「身についていない」の5肢選択法を採用してきた。東京薬科大学の卒業生調査では、図表2-2-3に示した12項目の知識能力をとりあげ、「現在、どれくらい身につけていると思いますか」を質問し、それに続いて「学部卒業時にどれくらい身につけて

いたと思いますか」を回答してもらった。図表2-2-3は、「かなり」と「や
や」の合計割合を「現在」と「卒業時」について表示したものである。

　「卒業時」に身につけた割合が高い順に並べてあるが、この卒業時の割合
が高いのは、「大学の専門の知識技術」であり、それに次ぐのが、「チーム
ワーク」と「粘り強くやり遂げる力」である。この3つが、東薬教育の強
みであり、逆に、「英語力」と「幅広い教養」が弱みになっていると読める。
その一方で、「現在の仕事に必要な知識」と「幅広い一般教養」は、卒業時
よりも現在身につけている割合がかなり高くなる。この2つは卒業後に身に
つけられる知識能力だといえる。

　個別の知識能力の水準だけでなく、全体の総合点が重要だと私は考えてい
る。それぞれの知識能力がどれほど身についているかの客観性は確定的でな
くても、「身につけていますか」と質問されて、「身につけていると思う」と
答える肯定的な気持ちの総体（総合点）は、自分の能力に対する自信の表明
だと考えられる。そこで、12項目を5点法で評価すれば、その総合点は、能
力にどれほど自信があるか、を表す自己効力感の指標になり、これを社会人
力と呼ぶことにした。

図表2-2-3　身につけている知識能力の割合

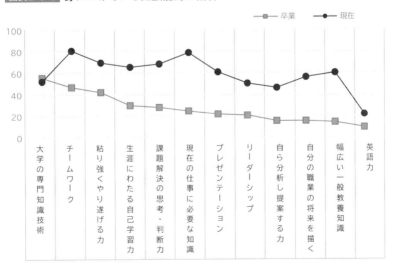

かなり大胆な指標化だが、それほど陳腐だとはいえない。アメリカのベストセラー本によれば、成功に大切なのは、才能よりも Grit（やり抜く力）だという（アンジェラ『やり抜く力』ダイヤモンド社、2016年）。面白いと思うのは Grit の測定の仕方である。「妨げがあっても挫けない」「私は勤勉で絶対にあきらめない」「大切なことを成し遂げるために挫折を克服してきた」などの10因子を整理して、それぞれについて、「非常にあてはまる5点」「かなり当てはまる4点」「やや当てはまる3点」「あまり当てはまらない2点」「まったく当てはまらない1点」の得点から Grit を評価している。「非常に」「かなり」「やや」の3段階を設けているのは、やり抜く力の「強さ」を引き出す工夫だと推察するが、主観的な気持ちの表明が有効なものさしになりうることを示している。

　社会で生きていくために必要な力は多種多様であり、さまざまな角度から社会人力の見える化に努力する必要がある。東薬卒業生の社会人力調査の一つの帰結を要約しておくと図表2-2-4のようになる。

　社会人力と年収の相関係数は0.32であり、年齢と年収の相関（0.34）とほぼ同じである。年齢が高くなれば年収も増えるというイメージは、多くの人に共有されているが、そのイメージの相関係数と同じというのは、社会現象の相関係数としてかなり高いといえる。あわせて、社会人力と仕事の満足度との相関係数も0.33になる。こうした関係から考えると、自己効力感の社会人力が高ければ、年収や仕事の満足度が高まるという因果関係を想定するのは強引にすぎるようだ。高収入、高満足ほど自己効力感が高くなるという逆の因果関係も考えられるからである。

　社会人力と年収と仕事満足の3つが一体化していると想定して、興味深いのは、大学時代の「学業成績」や「満足度」および「卒業論文研究の達成レベル」が高いほど社会人

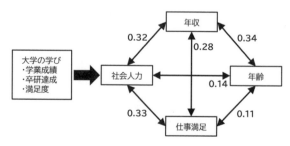

図表2-2-4　東京薬科大学薬学部の学び習慣仮説

力も高い、という関係が計測されることである。大学の学びは、年収や仕事満足と直接的な関係がないにもかかわらず、社会人力とは安定的に有意な関係が認められる。この構図は、工学部卒業生調査による学び習慣仮説と同じだ。学校歴や学部の違いを越えて、大学教育のアウトプットが卒業後のキャリアを豊かにするという教育有効説はそれほど簡単には棄却されない。

2-6　おわりに ── 卒論研究・社会関係資本・回収率

　以上の3つ以外にも私たちの調査と重なるテーマは多い。重要だと考えているテーマを簡単に2つ付記しておきたい。卒論研究の効果と部活などによる人間関係構築の効果である。

卒論研究の教育効果

　リアセック調査で「卒業論文の取組と身についた能力」が取り上げられている。私たちの東薬調査の一つの柱も、卒論研究の教育効果を実証的に明らかにすることにあった。調査では、「本学での学びは、卒業後、どのように生かされていますか」という自由記述欄を設けているが、その内容をまとめると、薬学部・生命科学部に共通して、「研究力を身につけたことが、仕事をすすめる力になっている」という一群の言葉が浮かんでくる。その内容は、次の3つにまとめられる。①卒論研究活動によってスキルが身につく（情報を収集し活用する力・論理的思考力・プレゼンテーション力）、②非認知能力が身につく（粘り強くやり抜く・忍耐力・自信）、③社会関係資本が形成される（教師との信頼関係・先輩後輩との同志的人間関係）、というように卒論研究の効果は多元的である。

　自由記述だけでなく、「研究室に通った頻度」「教員の指導は十分だったか」「完成した卒論研究の達成レベル」についての調査項目も設けた。こうした変数の因果関係を分析（パス解析）した結果だけを図表2-2-5に紹介しておく。

　学生の熱意と教員の指導によって、卒論研究の達成レベルが左右され、達成レベルが高いほど「卒業時に身についた知識能力」（図表2-2-3で紹介し

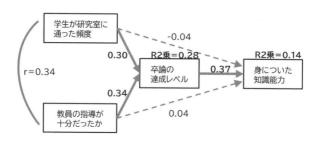

図表2-2-5 卒論研究の教育効果モデル

た卒業時の知識能力の総合点）が向上する。卒論研究の教育的意義の高さを
示しており、卒業生のみならず、教員の日常的実感にも近いと思う。

社会関係資本は生涯の財産

　自由記述欄の内容は学部によって異なるが、両学部に共通して語られる
のは、卒論研究の教育的意義と部活・アルバイトで培われた人間関係である。
アンケート調査では、「仕事上の難しい問題に直面したときに、個人的に相
談できる友人はどれくらいいますか」という項目を設けている。

　この友人変数は、「現在、身につけている能力」だけでなく、「年収」や
「仕事満足」にも安定的に有意な影響を与えており、社会学でいうところの
社会関係資本は、キャリアを豊かにする大きな財産になっている。

　リアセック調査では、部活動の満足度はキャリア意識との相関は小さいと
報告されているが、課外活動が人間関係の輪を広げているのは確かだし、そ
の人間関係が卒業後にも繋がっていることに着目する必要がある。

　「相談できる友人の数」の質問に付
随して、その友人はどのような関係の
友人ですかを質問した（職場の友人、
東薬の友人、中高からの友人、その
他）。そこで、相談できる友人の人数
別に、東薬卒がいる割合を集計すると
図表2-2-6のようになる。困ったと
きに相談できる友人の多くは、東薬の

図表2-2-6 困ったときに相談できる友人の東薬卒割合

	友人ありの人数	東薬卒の友人あり	東薬卒がいる割合
1～2人	1,492	635	42.6%
3～5人	1,559	1,019	65.4%
6人以上	782	595	76.1%

仲間であり、大学時代に培われる社会関係が大きな資本になっているのは間違いない。シンプルな数字の紹介にとどめるが、社会関係資本の構築が、教育効果の一翼を担っているといってもよいだろう。

回収率の背後にある大学と卒業生の繋がり

　教育効果を計測するいくつかの視点を紹介してきたが、分かっていることよりもまだ分かっていないことの方が多い。難しい問題だが、教育効果の実像を描きつつ、現状を改善する道を探る方法として、卒業生ないし同窓生調査は有効なアプローチだと思う。

　この調査の一つの難問は、調査票の回収率である。私たちの調査は、すべて同窓会名簿による郵送法である。最初に経験した5大学の工学部調査は、有効郵送数に対する回収率に20～38％の開きがあるが、平均すると30％だった。高専と東薬の調査はともに29％。いずれの回収率もかなりの好成績だといえる。この好成績は、理系教育の柱である研究室教育の効果が、大学と卒業生の繋がりを持続させていることと無関係ではないと思う。

　教育改革が叫ばれるようになってからは、教育改革の実務的評価の手法として卒業生調査が奨励されるようになっている。学術的な情報だけでなく、実務的に有益な情報を提供してくれるのは、卒業生調査の長所だが、大学のHPに搭載されている実務的な卒業生調査の報告をみていると回収率の確保に苦戦しているようだ。10％に満たない大学もかなりあり、10％台が普通だといってよい。ランダム・サンプリングの理論からすれば、30％でも母集団のサンプルとして偏りがあるという批判は免れないが、10％未満となると事例としての価値はあるものの、少し寂しい。「高い回収率は愛校心の証」といえば言いすぎだが、母校と卒業生との繋がりが強い大学・学部ほど回収率は高いように思う。

　卒業生調査の回収率を上げるためには、調査の意義を卒業生に理解してもらうことが肝要であり、同時に、調査の結果が教職員と在校生にフィードバックされることを卒業生が知っていなければならない。教育改善と卒業生調査の成否は、大学と卒業生の繋がりの強さにかかっているし、この繋がりを強めるために、卒業生調査を繰り返して活用するのも悪くないと思う。

第3章

「#大学生の日常」に埋め込まれた学習

リクルートワークス研究所　特任研究員　**豊田　義博**

3-1 「ゼミナール研究会」の問題意識

　ゼミナール研究会というコミュニティがある。2019年に発足した、大学教員を中心メンバーとする小さな実践コミュニティだ。その発足の経緯から始めたい。少し長くなるが、本稿の論旨にかかわるものなので、お付き合い願いたい。

　起点となったのは若手社員に関する研究だった[1]。キーワードは「就活エリート」。周到に就職活動に臨み、志望企業へと入社しながら、組織への適応不全を起こして迷走してしまう就活エリートが2000年代後半に続出したのだ。原因は、表層的、対処的な自己分析をもとにしたキャリアビジョンにあった。面接で自身が望んでいるキャリアについて語り、内定をもらうことで、そのビジョンが承認されたものと思い込んでしまう。しかし、入社後の配属は、往々にしてそれとは異なる。その現実をなかなか受け入れられず、迷走していたのだ。その背景には、画一化、マニュアル化した就活システムの存在があった。

　研究は、当時の就活システム改革プランを提示して締め括られているが、筆者には素朴な疑問が沸き上がった。迷走している人は確かにたくさんいた。しかし、迷走することなく職場に適応し、活躍している人もたくさんいる。それを分けるものは何か。大学時代の経験・学習に違いがあるのではないか。そこで、MARCHゾーン大学の卒業生調査を実施し、検証してみた。定量調査では、十分な知見を得ることはできなかったが、同大学を卒業し、企業で働く20代30余人へのインタビューから、卒業後に適応している人に共通する要件＝価値ある経験・学習が浮かび上がった。「試練・修行」「異なる価値観の受容」「PDSサイクル」「失敗・挫折」「自身の志向・適性の発見」の5つだ[2]。

　また、そうした経験・学習の機会は、残念ながら正課教育によるものではなかった。多くは、アルバイト経験によるものだった。しかし、そうした有意義な経験・学習を、ゼミナールという場では実現できるはずだ、という仮説を持った。実例も知っていた。しかし、数が限られていた。そこで、学生が育っていると定評のある23のゼミナールのケースを収集し、論考にまとめた[3]。そして、その論考を直接の起点として「ゼミナール研究会」は生まれた。

　つまり、筆者は、卒業後につながる価値ある経験・学習を生み出す可能性を持った場としてゼミナールを捉え、研究し、そして実践コミュニティをスタートさせている。

3-2　環境適応性への着眼

　ゼミナールという存在は、社会科学・人文科学領域の学部・学科においては、大学での学びの集大成の場として位置付けられていることが多い。2年程度の時間をかけて、専門を多角的に深め、卒業論文を取りまとめる、というのがスタンダードな姿だ。近年は、社会につながるチカラを身に付ける場としての期待も大きい。経済産業省が掲げている「社会人基礎力」の涵養、育成を明確に謳っているゼミナールも存在する。筆者の視点も、それに近いものだが、少し異なる。大学時代の価値ある経験・学習は、環境適応性を育むものだと捉えている。

　図表2-3-1は、リクルートワークス研究所が体系化してい

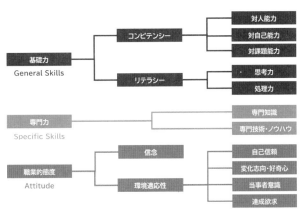

図表2-3-1 職業能力の構造

る職業能力の構造だ。

　大学教育をめぐる従来の議論では、先に挙げた社会人基礎力の例もあるように、「基礎力」への着目が主眼となっている。どのような仕事に就くにおいても必要な能力であり、各大学が掲げるディプロマポリシーや一部の大学が構築しているディプロマサプリメントにおいても、本書で定義している「コンピテンシー」「リテラシー」に相当するものをその項目の一部に組み込むケースがみられる。

　「基礎力」、特には「対人」「対自己」「対課題基礎力」が重要であることは、改めて言うまでもないだろう。大学卒業までに獲得したコンピテンシーが卒業後につながるものであることは、本書の第1部の分析結果でも立証されている。それを踏まえたうえで、筆者は、「職業的態度 = Attitude」（表層的な態度を示す Behavior ではなく、姿勢や価値観を包含する Attitude）に、そしてその中核要素である「環境適応性」に着眼している。

　基礎力、専門力を支えるものとして、職業的態度の存在は大きい。高い基礎力を持っていたとしても、職業的態度に陰りがあれば、基礎力は十分には発揮されなくなる。倫理観やプロ意識などによって構成される「信念」は、仕事経験を重ねる中で時間をかけて醸成されていくものだが、「自己信頼」「変化志向・好奇心」「当事者意識」「達成欲求」から構成される環境適応性は、基礎力、専門力の形成、発揮の土台となるものであり、キャリア初期から必要なものだ。

　自己信頼とは、現在の自己、将来の自己に対して信頼を持っている態度を指す。キャリア展望が見えない状況においても、何とかなるだろう、と自身を信頼して前に進めるかどうかは、自己信頼の有無に大きくかかわってくる。

　変化志向・好奇心とは、変化や刺激を前向きに受け止め、新たな環境や課題に積極的に向き合っていく態度を指す。未知なる状況に遭遇した時に、その状況に前向きにコミットできるかどうかは、生き方、あり方に大きく影響を及ぼす。

　当事者意識とは、目の前にある課題を「わがごと」としてとらえ、主体的に解決しようとする態度だ。望まぬ環境に身を置くことになったとしても、他責的になることなく、オーナーシップを持って対峙していくことが求めら

れる。

　達成欲求とは、自ら定めた目標を達成し、成功しようと努力する態度であり意欲だ。難しいチャレンジングな状況においても、それを何としても成し遂げたいという強い想いが大きな支えになる。

　職業的態度は、基礎力の土台になるものだが、形成プロセスにおいては、明確な因果関係にあるものではないだろう。ある経験を通して、基礎力が高まり、それが態度形成につながる。そうして形成された態度が、新たな経験を呼び起こす起点となる。というように、鶏と卵の関係に近いものだ。

3-3　20代を取り巻くふたつの社会変化

　環境適応性に着眼しているのは、産業社会の構造変容にもある。一つは、環境変化が常態化しているという現代社会の特性に起因するものだ。21世紀は、これまでの常識が覆るような環境変化が絶え間なく続く、先が見えない時代だ。コロナ禍はその典型といっていいだろう。このような状況の中で、変化を前向きに受け止め、自己を信頼し、オーナーシップをもって何かを成し遂げようとするのか、呆然と立ち尽くし、変化を嘆き、元に戻ることばかりを希求してしまうのか。その差は実に大きい。

　もう一つは、企業の人材育成力の劣化だ。日本企業の現場の強さを支えていた OJT の力がずいぶん前から衰えている。職場のつながりが希薄になっていることがその一つの要因だが、もっと大きな要因は、ジョブデザインの変化にある。かつては、大きな仕事をみなでやる、やり方は、見よう見まねで学ぶ、というスタイルだった。レイヴ＆ウェンガーが提唱した「正統的周辺参加」という学習モデル[4]は、往時の日本企業に実によく当てはまる。しかし、技術やサービスの高度化、複雑化伴い、業務は細分化・マニュアル化された。それに対応し、マネジャーもプレイヤー化し、若手との対話は大きく減少した。さらに、仕事環境の変化による仕事のブラックボックス化が輪をかける。かつては職場にいるだけで目や耳に入ってきていた文字情報、音声情報が、PC やスマホの中に取り込まれ、少し前であればフリーアドレス、今はリモートワークの進展などによって、リアルな職場は消失した。か

つては職場にいる（正統的周辺参加）だけで観察し、試し、熟達することができたが、今はできなくなった。この状況に対峙するには、それなりのレベルの環境適応性が必要だ。与えられた状況に自らをアジャストさせていくだけではなく、その状況を自らにとって望ましい方向に変えていくような姿勢も、そこにはもちろん含まれる。

では、環境適応性は、何によって形成されるものなのか。大学時代の経験は果たして貢献しているのだろうか。本稿では、「ゼミナール研究会」が実施した「＃大学生の日常調査」の分析結果の一部を使って、その論証を試みたい。

本調査の目的は、コロナによって大きく棄損したと指摘される「大学生の日常」には、どのような学習が埋め込まれていたのかを明らかにしていくことにあった。大学において人文・社会科学を専攻した20代社会人への定量調査[5]を通して、アフターコロナのキャンパスライフを浮き彫りにした。

調査においては、大学生の日常を「いくつものコミュニティに属し、コミュニティでの活動、人とのつながりを通してさまざまな経験・学習を獲得する期間」と定義した。

3-4　環境適応性をスコア化する試み

「＃大学生の日常調査」において、環境適応性という概念をどのように定義し、尺度化したか、調査対象がどの程度保有していたか、という基本的なところを、まずは押さえておきたい。

調査の結果は図表2-3-2の通りである。「自己信頼」の尺度を構成する内容案として、6項目を設定した。6項目の信頼性係数（Cronbach のアルファ）は0.860であり、十分な信頼性が得られた。「変化志向・好奇心」の尺度を構成する内容案として、4項目を設定した。4項目の信頼性係数（Cronbach のアルファ）は0.833であり、十分な信頼性が得られた。「当事者意識」の尺度を構成する内容案として、4項目を設定した。4項目の信頼性係数（Cronbach のアルファ）は0.843であり、十分な信頼性が得られた。「達成欲求」の尺度を構成する内容案として、4項目を設定した。4項目の信

図表2-3-2 環境適応性

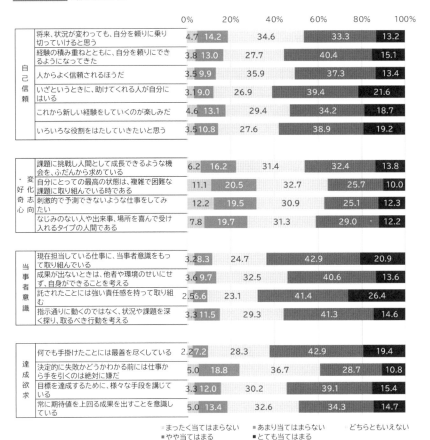

頼性係数（Cronbach のアルファ）は0.802であり、十分な信頼性が得られた。

　また、この4つの尺度の相関係数を算出したところ、いずれとの間にも高い相関があることが確認された（図表2-3-3）。よって、以降の分析においては、計18の質問項目の合計得点を環境適応性スコアと置き、分析を進めていく。環境適応性スコアは、18〜90に分布する変数である。平均値は62.07。ヒストグラムを図表2-3-4に提示する。また、以下では、環境適応

性スコアが高い群を H 群、やや高い群を MH 群、やや低い群を ML 群、低い群を L 群と称することとする。

図表2-3-3 環境適応性・4尺度の相関分析

	自己信頼	変化志向・好奇心	当事者意識	達成欲求
自己信頼	1	.733**	.816**	.798**
変化志向・好奇心	.733**	1	.628**	.736**
当事者意識	.816**	.628**	1	.815**
達成欲求	.798**	.736**	.815**	1

**. 相関係数は 1% 水準で有意（両側）です。

図表2-3-4 環境適応性スコアのヒストグラム

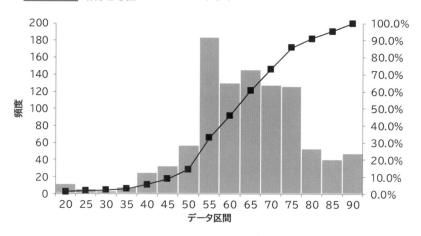

3-5 「職務特性の認知」「成長実感」へのインパクト

環境適応性が高いことは、仕事に向かううえで、どのようなことに影響を及ぼしているだろうか。まずは、職務特性の認識に注目した。職場において個々人が担う職務には、その仕事は、多様な知識や技術を活用する仕事なのか（技能多様性）、仕事の最初から最後まで一貫性を持って関わっているか（タスク完結性）、その職務に社会的な意味や意義を感じられる仕事なのか

（有意味性）、自分のやり方で仕事を進めることができるか（自律性）、仕事の状況や結果に対する反響や手応えが得られるのか（フィードバック）、といった特性がある。そして、この5つの職務特性が備わっていれば、人はその職務に高いモチベーションを抱き、前向きに働く、という理論がある[6]。

　しかして、職務特性とは、その職務自身が持つ客観的な事実という側面ももちろんあるが、担当する人間がその職務特性を、自身の主観的な認識として受け止めているという面が大きい。同じような職務を担当しながら、生き生きと働いている人とそうでない人がいることを、私たちは経験的に知っている。また、今回の調査対象である20代の若手社会人は、仕事経験が浅いこともあり、担当する職務特性を、より主観的に認識する傾向が強いと考えられる。

　そして、その主観的な認識に大きな影響を及ぼすものとして、環境適応性があげられる。環境適応性が高ければ、担当する職務への意味・意義を主体的に見出そうとするだろうし、自身が手掛けた仕事の反響や手ごたえを主体的に得ていくだろう。

　調査の結果は、仮説を裏付けるものであった。5つの職務特性と環境適応性との関係を見ると、どの職務特性においても、H群はその認識が極めて高く、L群は顕著に低いという結果であった。環境適応性の高い人は、俯瞰的に状況を捉えようとする姿勢を持っているし、他責ではなく自身ができ

図表2-3-5 職務特性認知と環境適応性の関係（有意味性）

	まったく当てはまらない	あまり当てはまらない	どちらともいえない	やや当てはまる	とても当てはまる
H	0.5	5.5	8.5	34.2	51.3
MH	1.5	9.2	16.9	44.8	27.6
ML	4.0	11.6	39.0	32.6	12.8
L	16.5	25.0	24.1	24.1	10.4

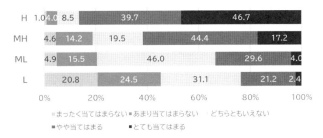

図表2-3-6 職務特性認知と環境適応性の関係（フィードバック）

	まったく当てはまらない	あまり当てはまらない	どちらともいえない	やや当てはまる	とても当てはまる
H	1.0	4.0	8.5	39.7	46.7
MH	4.6	14.2	19.5	44.4	17.2
ML	4.9	15.5	46.0	29.6	4.0
L	20.8	24.5	31.1	21.2	2.4

ることを見出そうとする姿勢を
持っている。なお、データ分析
の結果は、いずれもほぼ同じよ
うな傾向を示しているので、こ
こでは「有意味性」(図表2-3
-5)、「フィードバック」(図表
2-3-6)についての分析結果
を提示する。

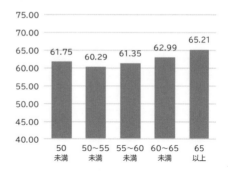

図表2-3-7 入学時の偏差値と環境適応性の関係

こうした顕著な傾向から容易
に想像がつくことではあるが、環境適応性は、成長実感にも大きな影響を及
ぼす。H群は、自身の成長を高く実感しているが、L群になると、過半数の
人が成長実感を得られていない。

併せて、環境適応性と入学偏差値との関係を提示しておこう。いわゆる高
学歴大学の卒業生は高い環境適応性を持っていて、マージナル大学の卒業生
には、環境適応性に課題があるのだろうか。結果は、そのような見立てを支
持しないものだった(図表2-3-7)。偏差値と環境適応性の間には、明確な
関係は見て取れない。相関係数としては0.1程度の数字を示すが、極めて低
い相関性だ。これは、コンピテンシーとリテラシーとの関係にも相通ずるも
のだろう。

3-6　環境適応性はいつ育まれるか

では、環境適応性は、いつ育まれるのだろうか。卒業後に仕事に就く中で、
高まっているのだろうか。大学時代だろうか。それとも、それ以前に形成さ
れているのだろうか。本調査では明確な「直接証拠」を示すことは困難だ。
大学卒業後の25歳から29歳を対象に、調査時点での環境適応性を尋ねてい
るためだ。

だが、本調査内のいくつかのデータを子細に見ることで、大学時代の過ご
し方、特には所属したコミュニティの数や種類、選択の仕方等と環境適応
性スコアとの密接な関係を明らかにできる。本稿では、いくつかの「状況証

148

拠」を示して環境適応性が「＃大学生の日常」で育まれていることを提示したい[7]。

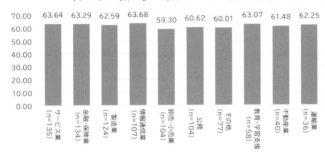

図表2-3-8　年齢別環境適応性平均スコア

まず、一つ目の状況証拠を提示しよう。図表2-3-8は、調査回答者の年齢別の環境適応性スコアのアベレージだ。環境適応性スコアは年齢（つまり社会人経験年数）には左右されていないことが分かる。環境適応性が社会に出てから育まれるものであるならば、年齢が高い方がスコアは高くなる傾向が見えるはずだ。しかし、例えば29歳の平均スコアは60.84と最小だ。次に図表2-3-9からは、勤務先の業種によっても

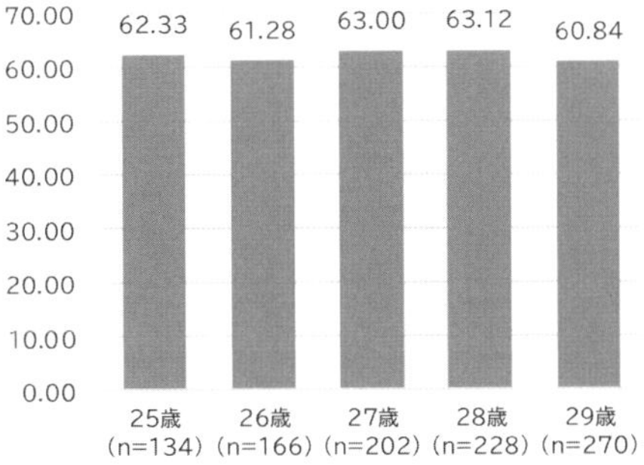

図表2-3-9　勤務先業種別環境適応性平均スコア
（サンプル数が多い順。サンプル数30未満の業種は除いた）

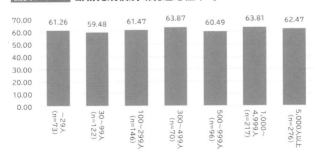

図表2-3-10　勤務先規模別環境適応性平均スコア

平均スコアはバラバラであることが分かる。また、図表2-3-10では勤務先の規模（従業員数）とも明確な関係（例：規模が大きいほど平均スコアが高いか低いか）は読み取れない。

以上のデータから読み取れることは、以下の2点だ。
① 大学卒業後の数年間の職業経験の中で、環境適応性に影響を与える明確な形式的要素（年齢や勤務先の業種等）は見当たらない。
② 特に本調査時点の年齢の差が環境適応性スコアに影響を与えていない点は、卒業以前の何らかの経験がスコアの差に表れていることを示唆している。

卒業以前となると、やはり注目したいのは、大学時代の経験である。家族環境や高校時代までの各種経験の影響ももちろんあるだろうが、以下では、そうしたいくつかあり得る仮説の中で、もっとも有力であろうと考えた「大学時代の所属コミュニティ」との関係を検証する。

3-7 「大学生の日常」と環境適応性の関係

まずは、「大学生の日常」と定義したコミュニティへの所属状況の結果を概観しよう。彼ら・彼女らは、どのようなコミュニティに参加していたのか。専門ゼミなどの学びコミュニティ、学内外のクラブ・サークルどのテーマコミュニティ、働く場としてのバイトコミュニティ、友達コミュニティを分類した18項目を提示し、在学中の所属状況を尋ねた（図表2-3-11）。

所属率が最も高かったのは「アルバイト先（65.6%）」、次いで「学内のクラブ・サークル（57.4%）」。過半には届いていないが「専門ゼミ」「1年次のクラス」「大学時代にできた友達・遊び仲間」「高校時代までにできた友達・遊び仲間」の4つが40%を超えている。それらから数字の開きはあるが「初年次ゼミ」「（ゼミ以外の）少人数講義・演習」「自主的に集った学内外の学び仲間」が続いている。

「# 大学生の日常」で、以上の18項目でカバーできていないのは家庭あるいは家族というコミュニティと大人数の講義くらいであり、そのコミュニ

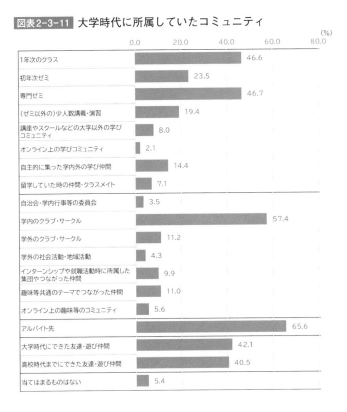

図表2-3-11 大学時代に所属していたコミュニティ

(%)

コミュニティ	割合
1年次のクラス	46.6
初年次ゼミ	23.5
専門ゼミ	46.7
(ゼミ以外の)少人数講義・演習	19.4
講座やスクールなどの大学以外の学びコミュニティ	8.0
オンライン上の学びコミュニティ	2.1
自主的に集った学内外の学び仲間	14.4
留学していた時の仲間・クラスメイト	7.1
自治会・学内行事等の委員会	3.5
学内のクラブ・サークル	57.4
学外のクラブ・サークル	11.2
学外の社会活動・地域活動	4.3
インターンシップや就職活動時に所属した集団やつながった仲間	9.9
趣味等共通のテーマでつながった仲間	11.0
オンライン上の趣味等のコミュニティ	5.6
アルバイト先	65.6
大学時代にできた友達・遊び仲間	42.1
高校時代までにできた友達・遊び仲間	40.5
当てはまるものはない	5.4

ティ内で活動する時間は生活時間全体のかなりの割合を占めるはずだ。かつ、サンプルになった世代にとって、大学時代は現時点の最も直近の時期に4年間も過ごした生活圏と言える。環境適応性を育む土壌として大学時代の所属コミュニティを有力視した理由もそこにある。

　まず、上記18項目の中からの回答数と環境適応性スコアとの関係に注目してみた。結果は図表2-3-12である。

　所属コミュニティ数が3までは多い方がスコアも高くなっているが、4以上ではその関係は崩れている（8を超えるとサンプル数が減るため参考値）。ここでは、「0」と「1以上」の間には大きな差があることを指摘しておきたい。

　次に、所属したコミュニティの中で、かかわりの深かったコミュニティに

ついての回答結果を概観する。調査では、所属していると回答したコミュニティの中で「最もかかわりの深かったコミュニティ（以下トップコミュニティ）」「二番目にかかわりの深かったコミュニティ（以下セカンドコミュニティ）」「三番目にかかわりの深かったコミュニティ（以下サードコミュニティ）」を尋ねている。物理的な時間ではなく、気持ちの上で大学時代を代表するコミュニティを回答してもらった。結果は図表2-3-13の通りだ。

トップコミュニティの最上位は「学内のクラブ・サークル」、29.5％と他を大きく引き離している。3割弱の人が、キャンパスライフというと、何といってもクラブ・サークルだった、と回想している。それがセカンドコミュニティ、サードコミュニティになると、サークルの存在感は大きく低落する。代わって台頭するのは「アルバイト先」。いずれも20％を超えている。一にサークル、二にバイト、という「学び」なきキャンパスライフが代表的なものだ、ということか。

サークルとバイト。この2つの存在感が大きいことは調査以

図表2-3-12 所属コミュニティ数と環境適応性スコア

コミュニティ数 （MA）	平均スコア	人数
0	48.63	54
1	58.68	75
2	61.46	164
3	61.94	159
4	61.60	134
5	64.07	119
6	61.75	112
7	65.66	82
8	67.55	49
9	66.50	28
10	73.00	9
11	76.33	6
12	68.33	3
13	43.50	2
17	88.00	2
18	90.00	2

図表2-3-13 大学時代にかかわりの深かったコミュニティ

	トップ	セカンド	サード
1年次のクラス	9.6%	10.0%	9.3%
初年次ゼミ	1.8%	5.5%	3.5%
専門ゼミ	13.0%	16.5%	16.6%
（ゼミ以外の）少人数講義・演習	1.0%	0.8%	0.6%
講座やスクールなどの大学以外の学びコミュニティ	0.2%	0.2%	0.9%
オンライン上の学びコミュニティ	0.0%	0.3%	0.0%
自主的に集った学内外の学び仲間	0.7%	0.5%	0.6%
留学していた時の仲間・クラスメイト	1.3%	2.1%	2.0%
自治会・学内行事等の委員会	1.3%	0.3%	0.3%
学内のクラブ・サークル	29.5%	11.8%	7.3%
学外のクラブ・サークル	3.7%	2.4%	2.0%
学外の社会活動・地域活動	0.3%	0.2%	0.0%
インターンシップや就職活動時に所属した集団やつながった仲間	1.2%	1.7%	2.0%
趣味等共通のテーマでつながった仲間	1.6%	1.8%	1.2%
オンライン上の趣味等のコミュニティ	0.4%	0.5%	1.2%
アルバイト先	12.6%	20.8%	21.6%
大学時代にできた友達・遊び仲間	14.5%	14.4%	11.7%
高校時代までにできた友達・遊び仲間	7.4%	10.5%	19.2%
N数	946	660	343

前から予測されたことだが、それに続いている存在が「専門ゼミ」だ。トップ、セカンド、サードともに10％台中盤のシェアを占めている。専門ゼミが必修となっている大学も多く、2年間ないしはそれより長い期間所属することもあり、人文・社会学系の学生にとっては、やはり大きな存在感を持っている。同程度の存在感を示している

図表2-3-14 かかわりが深いコミュニティ選択数と環境適応性スコア

コミュニティ選択数	平均スコア	人数
0	48.63	54
1	59.55	286
2	62.62	317
3	65.78	343

のは「大学時代にできた友達・遊び仲間」。そして「1年次のクラス」も、3つのいずれにおいても10％前後のシェアを占める。「高校時代までにできた友達・遊び仲間」は、トップコミュニティでの存在感はさほどでもないが、セカンド、サードとその存在感を増す。

　図表2-3-14は、かかわりが深いコミュニティを選んだ数（最大3）と環境適応性スコアとの関係を示したものだ。「かかわりが深いコミュニティはゼロ」だったのが54人、「1つだけ」が286人、「2つだけ」が317人、「3つ」が343人である。

　「0」と「1」の間には10ポイント以上の開きがあり、これは図表2-3-12の結果と類似している。「1」と「2」、「2」と「3」の間のスコアの差も統計的に有意なものであった[8]。

3-8　「自律的な選択」と「役割」が持つインパクト

　環境適応性を育む上で、在学中にコミュニティに所属すること、特に本人が「かかわりが深い」と認識するコミュニティに所属することが重要であることを、もう一段の深掘りで探りたい。試みにサンプル全体（N=1,000）から環境適応性スコアの上位20％（n=199）と下位20％（n=212）を抜き出し[9]、双方の比較からコミュニティに所属する効果を浮き彫りにすることを考えた。

　図表2-3-15はそれぞれの区分の環境適応性スコアの基本データを示す。参

考に「かかわりが深いコミュニティゼロ」のデータと、男女比も付記した。上位20%と下位20%では、環境適応性スコアに極めて大きな開きがあることが分かる。

図表2-3-16は、それぞれの区分のサンプルが「かかわりが深いコミュニティ」をいくつ選択したかを示す。環境適応性スコア上位20%のサンプルは、選択数ゼロはわずか1名

図表2-3-15 環境適応性スコアを基準にした比較スコアの分布

	全体	環境適応性上位20%	環境適応性下位20%	所属集団選択なし
平均	62.07	80.33	44.25	48.63
中央値	62	80	47	54
標準偏差	13.42	5.79	9.45	14.21
最小	18	73	18	18
最大	90	90	53	74
人数	1,000	199	212	54
男女比	66%:34%	71%:29%	61%:39%	74%:26%

図表2-3-16 環境適応性スコアを基準にした比較／かかわりが深いコミュニティ選択数

かかわりが深いコミュニティ選択数	全体		環境適応性上位20%		環境適応性下位20%	
0	54	(5.4%)	1	(0.5%)	25	(11.8%)
1	286	(28.6%)	40	(20.1%)	73	(34.4%)
2	317	(31.7%)	70	(35.2%)	65	(30.7%)
3	343	(34.3%)	88	(44.2%)	49	(23.1%)

※カッコ内は区分内での割合

で、44.2%が選択数最大の3だった。これは全サンプルの34.3%より10ポイントも大きい。これに対して、下位20%のサンプルの選択数ゼロは11.8%を占め、選択数ゼロの54名中約半分がこの区分に属している。選択数3は23.1%で、これも全体のレベルより10ポイントも低い。

図表2-3-17と2-3-18は、かかわりが深いコミュニティの選択視点スコアとコミュニティ内での役割スコアの比較である。前者は、スコアが高いほど「コミュニティ選択において意図や意思を明確に持っていた」ことになる[10]。後者の役割スコアは、高いほどコミュニティ内でリーダーやマネジャー、アドバイザーなど、より重要かつ多様な役割を担っていたことを示す[11]。双方とも、環境適応性上位20%の区分のスコアは明らかに高く、下位20%とは10ポイントもの差がある。また、いずれの区分のスコアもトップ、セカンド、サードというかかわり深さの順位に大きな影響は受けていない。所属したコミュニティの種類には関係なく、それぞれの区分のサンプルは、それぞれのレベル感で安定した態度で行動していたことがうかがわれる。

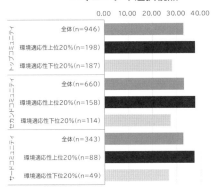

図表2-3-17 環境適応性スコアを基準にした比較／かかわりが深いコミュニティ選択視点

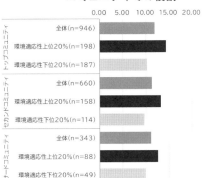

図表2-3-18 環境適応性スコアを基準にした比較／かかわりが深いコミュニティでの役割

　ここまで提示したいくつかの「状況証拠」が説明していることをまとめると以下のようになる。

- 25歳から29歳の社会人1,000人の環境適応性スコアに対して、年齢、勤務先の業種や規模、所属していた大学の入学難易度（偏差値）の影響は認められない。
- 大学時代の日常生活の大半をカバーする種々のコミュニティに、全く属していなかったサンプルの環境適応性スコアは著しく低い。
- 「かかわりが深いコミュニティ」を選択したサンプルは、その数が多いほど環境適応性スコアは高い。
- 環境適応性スコアが特に高いサンプルは「かかわりが深いコミュニティ」を明確な意図や意思を持って選択しており、コミュニティ内で多様な役割を果たしていた。対して、環境適応性スコアが特に低いサンプルは選択の際の意図や意思が明確でなく、コミュニティ内での役割の多様性も低い。

　以上のことから、調査対象の環境適応性は、大学時代に本人が「かかわりが深い」と感じるコミュニティに複数所属することで育まれていた可能性が極めて高いと言えそうだ。

コロナによって大きく棄損されている「大学生の日常」。それは、環境適応性を獲得する機会の毀損と言い換えてもいいだろう。そして、そのような状況だからこそ、多くの大学生が所属するゼミナールへの期待、担うべき使命は大きいものだと考えている。

本調査は、ここに掲げた質問項目以外にも、多数の項目を含んでいる。それらを活用したいくつかの分析も行っている。さらに、本調査への回答者を対象としたディープインタビューも試みている。そして、ポストコロナの「大学生の日常」再創造に向けて、ゼミナールという学びの場の品質を高めていくための施策についての提言も行っている。ご興味のある方は、以下のウェブページのアーティクルを合わせてお読みいただきたい。

ゼミナールが大学生にもたらす価値〜選択と成長のメカニズム〜
https://www.works-i.com/project/seminar.html

なお、本稿は、上記ウェブページに掲載されているウェブ連載「『# 大学生の日常』に埋め込まれた学習」の以下の論考を再編したものである。

- 〜「# 大学生の日常調査」定量分析①〜大学生活で豊かなギフトを獲得するポイントは何か？ / 豊田義博（リクルートワークス研究所 特任研究員　ゼミナール研究会 主宰）
  https://www.works-i.com/project/seminar/campuslife/detail002.html
- 〜「# 大学生の日常調査」定量分析②〜大学生活で得たギフトは環境適応性を生み出しているか？ / 豊田義博（リクルートワークス研究所 特任研究員　ゼミナール研究会 主宰）
  https://www.works-i.com/project/seminar/campuslife/detail003.html
- 〜「# 大学生の日常調査」定量分析③〜環境適応性はいつ育まれたのか？ —— 大学時代の所属コミュニティとの深い関係／前田純弘（昭和女子大学 グローバルビジネス学部ビジネスデザイン学科 非常勤講師）
  https://www.works-i.com/project/seminar/campuslife/detail004.html

【注】

1）豊田義博，2010，『就活エリートの迷走』筑摩書房．

2）豊田義博，2011，「キャンパスライフに埋め込まれた学習」『Works Review』6．

3）豊田義博，2018，「キャンパスライフに埋め込まれた学習」『Works Review』13．

4）ジーン・レイヴ&エティエンヌ・ウェンガー，1993，『状況に埋め込まれた学習——正統的周辺参加』産業図書．

5）◎調査対象：大学（人文・社会学系学部）を卒業し、現在三大都市圏で働いている25〜29歳の男女1,000名　◎調査方法：インターネットモニター調査　◎調査内容：現在の就業実態、大学時代に所属していた集団（コミュニティ）での活動状況など　◎調査時期：2021年1月

6）Hackman, J. R. and G. R. Oldham（1976）"Motivation through the design of work: Test of a theory," Organizational Behavior and Human Performance, Vol. 16, No. 2, pp. 250-279.

7）注意すべき点として、本調査のサンプルの男女比は男性に偏っている（66％：34％）。この年代全体の男女比はおおむね51％対49％である（2019年10月1日現在の日本人人口中、23歳から27歳のデータ）ことと、本調査の環境適応スコア平均は男性の方が若干高いことは、以後のデータを読み解く際に留意したい。ただし、本調査は男女比較を目的としたものではないことも合わせて記しておきたい。

8）等分散を仮定するt検定の結果、いずれも1％水準で有意であった。

9）上位20％の最低スコア、下位20％の最高スコアに該当する全員を対象に含めたため、それぞれ200ちょうどにはなっていない。

10）コミュニティ選択の際に、どのような視点を重視したかについて、「外形（興味・関心の持てるテーマか、学生間の評判・人気はどうか）」「経験（どのような経験ができるのか）」「環境（そのコミュニティが自身にとって快適かどうか）」「展望（そのコミュニティへの所属を通して自身がどうなりたいか、何を得たいか）」「つながり（他者からの推薦や勧誘）」の5視点それぞれについて尋ねている。

11）7つの役割（オーナー、リーダー、マネジャー、ティーチャー、フロントランナー、アドバイザー、サポーター）について、明示的な役割、自発的な行動の別を問わず、自身がそのコミュニティにおいて果たした度合を3段階で尋ねている。

銘柄大学卒業生調査について
全国13大学の卒業生調査を補完するために

第1章

調査概要

1-1 調査分析の目的
── 全国13大学の卒業生調査を補完するために

　今回の卒業生調査（以後「13大学卒業生調査」とする）に協力いただいた13大学は、全国の大学卒業生の実態を代表するものではない。13大学の設置主体、所在地、入試偏差値などに偏りもある。

　この偏りを一部補正するため、入試偏差値上位で、新卒採用時にも産業界からの評価が高いとされる全国16校の卒業生を対象とする調査（以後「銘柄大学調査」とする）を追加で実施した。

　基本属性と入学前（高校時代）の経験、大学における学修経験や満足度、在学中に身に付けた能力、卒業から調査時点までの職業キャリアなど、質問紙は13大学卒業生調査と同様である。

1-2 使用データの説明

　調査会社を通じて、国立の旧帝大・一橋大・東京工業大、私立の早稲田大・慶応義塾大など計16大学の学部（4年制）卒業生で、2021年4月時点で就業中であり、社会人歴5年目〜7年目（2015年3月卒〜2017年3月卒）の条件で調査を依頼、基本的に「13大学卒業生調査」と同一の設問で調査を行った。

　指定した大学の属性は図表3-1-1のとおり。私立大学7校はすべて所在地が東京のため、地域の偏りはかなり大きくなっている。

　有効回答309人の基本属性は以下のとおり（図表は割愛）。

　性別では男性36.2%に対し女性63.8%（無回答の選択肢は設けなかった）。

　出身大学の設置主体別の人数では、国立28.8%に対し私立71.2%、キャ

ンパス所在地では東京が
79.6%（309人中246人）で、
16大学を分母とした場合よ
り「私立」「東京」への偏り
が拡大する。ただし、「私
立」の割合は13大学卒業
生調査よりは低い。

　現在住んでいる地域別
では、北海道・東北6.5%、
関東・甲信越（東京含む）

図表3-1-1 調査対象者の出身大学の属性

設置主体	校数
国立	9
公立	0
私立	7
合計	16

キャンパス所在地	校数
北海道・東北	2
東京	10
関東・甲信越（東京除く）	0
東海・北陸	1
関西	2
中国・四国	0
九州・沖縄	1
合計	16

71.2%、東海・北陸5.5%、関西8.1%、中国・四国3.2%、九州・沖縄5.5%。
都道府県別では、多い順に東京都37.2%、神奈川県11.7%、埼玉県10.4%、
千葉県7.1%、福岡県4.2%となった。次いで大阪府、愛知県が同数で3.6%
だった。

　大学での専門別では、人文科学系24.9%、社会科学系48.5%、理工系
12.6%、医療・保健系8.4%、その他5.5%。

　学部ごとの入試偏差値では309人全員が偏差値55以上である。

　大学卒業直後の進路は、正規雇用95.8%、非正規雇用1.9%、就職準備
1.3%、その他1.0%。最終学歴を4年制大学に限ったので、大学院進学が0と
なっている。

　現職の業種・職種・企業規模と、転職経験の有無も13大学卒業生調査と
同様に尋ねた。業種・職種を全国データである「学校基本調査」と比較す
ると（図表3-1-2、図表3-1-3）、業種では、製造業、金融業（、保険業）、
不動産業（、物品賃貸業）、公務が多く、医療（、福祉）、教育支援が少ない。
職種では、事務職が多く、専門職・技術職が少ない。13大学卒業生調査と
の比較では、業種は金融業（、保険業）、不動産業（、物品賃貸業）、公務が
多く、サービス業、教育支援が少ない。職種は、事務職が多く、専門職・技
術職が少ない。

　企業規模では、従業員数1,000人以上の企業が57.0%、500〜999人14.2%
などとなっている（図表は割愛）。13大学卒業生調査と比較して、大企業が

161

かなり多いことが明確である。

そして、309人のうち37.9％に転職経験があった。これは「13大学卒業生調査」での転職経験率37.1％とほとんど差がなかった。

図表3-1-2 回答者の基本属性〈現在の仕事の業種〉

| | 銘柄大学調査 | | 参考（%） | |
	人数	%	13大学卒業生調査	学校基本調査※1
農業、林業、漁業	2	0.6	0.9	0.3
建設業	9	2.9	5.1	4.7
製造業	50	16.2	15.9	11.8
電気・ガス・熱供給・水道業	7	2.3	1.6	0.4
情報通信業	23	7.4	9.0	8.1
運輸業、郵便業	9	2.9	4.6	3.0
卸売業、小売業	20	6.5	10.8	16.6
金融業、保険業	53	17.2	7.5	9.0
不動産業、物品賃貸業	14	4.5	1.6	2.8
学術研究、専門・技術サービス業	11	3.6	4.4	3.6
サービス業	31	10.0	16.8	※2 11.8
教育、学習支援業	10	3.2	8.7	7.8
医療、福祉	29	9.4	6.6	12.8
公務(他に分類されるものを除く)	29	9.4	5.2	6.0
その他 ※3	12	3.9	1.3	1.3
合計	309	100.0	100.0	100.0

※1：文部科学省「学校基本調査」：調査年月は平成27(2015)年5月で、2015年3月卒業者のデータ。学校基本調査上の産業別就職者数には、進学し、かつ就職した者が含まれている。
※2：「宿泊業,飲食サービス業」「生活関連サービス業,娯楽業」「複合サービス事業」「サービス業(他に分類されないもの)」の計。
※3：学校基本調査上の「上記以外のもの」に、当調査の「その他」を対応させた。

図表3-1-3 回答者の基本属性〈現在の仕事の職種〉

| | 銘柄大学調査 | | 参考（%） | |
	人数	%	13大学卒業生調査	学校基本調査
専門職・技術職	77	24.9	35.2	35.1
事務職	153	49.5	24.4	28.6
営業職 ※	55	17.8	19.3	25.1
販売職	6	1.9	6.5	
サービス職	13	4.2	10.3	5.9
保安職	0	0.0	2.1	1.8
その他	5	1.6	2.2	3.5
合計	309	100.0	100.0	100.0

※ 学校基本調査で用いられている職業分類では、中分類「営業の職業」は大分類「販売の職業」に含まれている。

1-3　データの制約と注意点

　この追加調査は、主に「入試偏差値」の偏りを補うために実施したもので、それ以外の条件は「13大学卒業生調査」とできるだけ揃えることとした。

　卒業年度を揃えたが、調査時期が半年〜1年ずれているため、社会人歴はその分、長くなっているといえる。

　「大学教育とキャリア意識等の繋がりを解明する」という調査目的に合わせて有効回答数を増やすため、銘柄大学調査では現在就業中の人のみを対象とした。また、大学院卒を除いたのは、13大学卒業生調査で理系の大学院進学割合が極めて少ないので、それに合わせたためである。このため、大学での専門は理工系の割合が低くなっている。

　ただし、調査方法の違いなどにより、以下のような属性は大きく異なっているので、注意が必要である。

　男女比では、女性が63.8％と13大学卒業生調査の48.6％よりもかなり多い。調査上の制約で、性別の割り付けを行わなかったためである。

　年齢構成についても偏りがある。卒業年度から考えると、26歳〜28歳がほとんどであると推測でき、実際、13大学卒業生調査では97.7％が20代だが、銘柄大学調査では20代が84.1％、30代が15.9％となっている。これに伴い、既婚者の率も37.2％と13大学卒業生調査の20.4％に比べ高めになっている。

第2章

主な調査結果

本章では「銘柄大学調査」の主な結果を、「13大学卒業生調査」との差異が出たものを中心に、質問紙の順にみていく。

2-1　基本属性および高校時代

基本属性のうち、前章で触れなかったQ1-6「入試形態」、Q1-7「大学志望順位」についてここで触れる。

Q1-6「大学入試の形態」（図表3-2-1）では「一般入試」が最も多く、13大学卒業生調査の約2倍の割合。一方、13大学卒業生調査では最多の「推薦入試」は、2番目ながら13大学卒業生調査の約3分の1の12.6％にとどまる。

図表3-2-1　**大学入試の形態（全体／単一回答）**

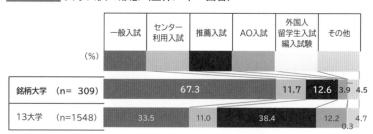

銘柄大学のQ1-7「大学入学時の志望順位」（図表3-2-2）をみると、13大学卒業生調査に比べ「第1志望」の率は高いが、13大学でも過半数が「第1志望」であり、差は小さくもみえる。一方、「第3志望以下」の数字をみると、銘柄大学13.3％に対して13大学は23.8％とダブルカウントに近く、歴然とした差があるともみえる。

Q2-1〜Q2-3では高校時代について尋ねている。

Q2-1「出身高校の所在地」（図表3-2-3）は、キャンパス所在地と似通った分布となっている。

図表3-2-2 大学入学時の志望順位（全体／単一回答）

Q2-2「出身高校における4年制大学への進学者の割合」（図表3-2-4）では、「ほとんど全員が大学に進学」「8割〜9割が進学」を足し合わせると85.4％に達し、約8割（少なく見積もっても6割）がいわゆる進学校の出身であることがわかる。大学に進学する生徒が「ほとんどいない」との回答はわずか1.3％、「3割〜5割未満」の回答を足しても3.6％で、13大学卒業生調査では「ほとんどいない」だけで6.9％あるのとの差は大きい。

図表3-2-3 出身高校の所在地（全体／単一回答）

図表3-2-4 出身高校における4年制大学への進学者の割合（全体／単一回答）

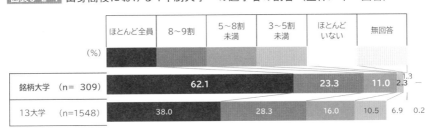

Q2-3「高校生活満足度」（図表3-2-5）については、高校生活全体について「（とても＋やや）満足している」との回答が76.7％で、13大学卒業生調査と大きな差はない。「まったくあてはまらない」までの分布全体でも大きな差はない。

図表3-2-5 **高校生活全体について満足している（全体／単一回答）**

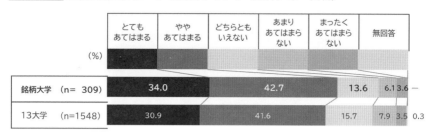

2-2　学生時代の成績

　Q3-1〜Q3-3では、中学3年、高校3年、大学卒業時の3時点での学業成績を尋ねている（図表3-2-6）。

　Q3-1「中学3年時の学校内成績」は、「上のほう」が最多で、「下のほう」ほど比率が低い。Q3-2「高校3年時の学校内成績」は、最多は「やや上」の35.3％。次いで「上のほう」33.7％、「真ん中くらい」18.4％、「やや下」「下のほう」と減っていく。Q3-3「大学卒業時の成績」では、最多は「どちらかといえば良い」37.2％、次いで「どちらともいえない」、「良い」「どちらかといえば良くない」「良くない」の順となっている。

　全体として、学年が進むにつれて銘柄大学と13大学との差は縮まる傾向にあり、大卒時にはほぼ差がなくなっている。

図表3-2-6 学生時代の成績（全体／単一回答）

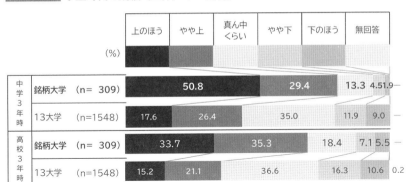

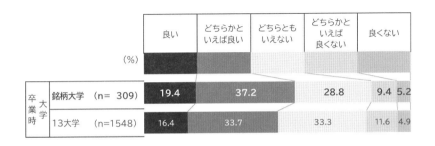

2-3　大学時代の取り組み姿勢・熱心度

　大学時代の活動について、取り組み姿勢・熱心度を尋ねたＱ４のうち、正課（必修および選択）の授業である「専門科目の講義」「教養科目の講義」「外国語の学習」「卒業論文・卒業研究・専門分野のゼミ」の４項目については、全体的に13大学に比べ熱心度が低めだった。４項目の中で「とても熱心」の多い順は、「外国語」「専門科目」「卒論・卒研・専門ゼミ」「教養科目」であった（図表3-2-7）。

　Ｑ４-４「卒論・卒研・専門ゼミ」については、図表3-2-7では表示していない「経験しなかった」の割合が7.8％と高い（図表3-2-8）。これには理工系が少ないことの影響があると思われる（13大学卒業生調査で理工系366人のうち「経験しなかった」は１人のみ。0.3％）。

　一方で、課外活動系３項目「部・サークル活動」「アルバイト」「就職活動

図表3-2-7 大学時代の取り組み姿勢・熱心度（全体／それぞれ単一回答）

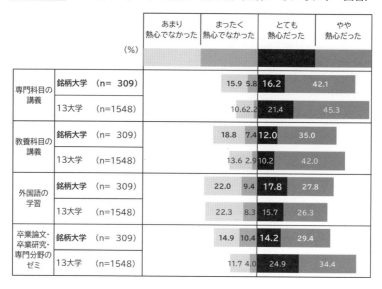

図表3-2-8 大学時代の取り組み姿勢・熱心度
「経験しなかった」割合の比較（全体／それぞれ単一回答）

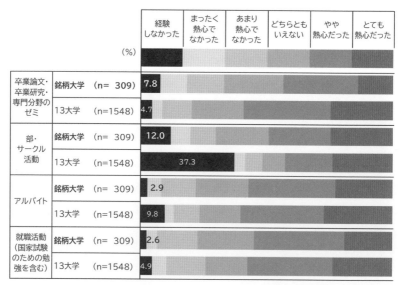

（国家試験のための勉強を含む）」については、熱心度はいずれも僅差であり、それよりも「経験しなかった」がかなり少ないことが目立った。「部・サークル活動」は特に顕著だった。

　これは銘柄大学とそれ以外という差であるか、あるいは、調査会社のモニターに登録している社会人には、学生時代から学外の活動に積極的だった者が多いというようなバイアスが考えられる。

　Q4-1〜Q4-7を通じて「とても熱心」の多い上位3項目は、「部・サークル活動」「アルバイト」「就職活動」であった。

2-4　大学時代の学修経験や成長実感

　大学時代の学修経験について尋ねた7項目中、銘柄大学が13大学を「とてもあてはまる」の回答割合で上回るのは、Q5-2「授業がわからない」、Q5-3「授業内容について他の学生と議論」、Q5-4「自主的な勉強会や研究会に参加」の3項目だが、いずれも僅差である。残り4項目では13大学を下回り、Q5-5「教員に親近感」、Q5-7「在学中の成長実感」では特に差が大きい（図表3-2-9）。

　「とてもあてはまる」の割合が多い順は、「成長実感」、「教職員にキャリアの相談」「教員に親近感」「授業内容について他の学生と議論」および「自主的な勉強会に参加」（同率）、「授業中に自分から発言」「授業がわからない」となっている。

図表3-2-9 大学時代の学修経験や成長実感（全体／それぞれ単一回答）

		あまり あてはまらない	まったく あてはまらない	とても あてはまる	やや あてはまる
授業中に自分から発言した	銘柄大学 （n= 309）	35.0	20.4	5.8	17.2
	13大学 （n=1548）	28.4	16.8	6.1	22.2
授業についていけなかった（わからなかった）	銘柄大学 （n= 309）	38.8	15.9	4.5	19.4
	13大学 （n=1548）	42.7	15.5	2.1	13.9
授業の内容について他の学生と議論した	銘柄大学 （n= 309）	24.6	9.7	9.4	32.0
	13大学 （n=1548）	21.7	9.6	8.7	36.0
自主的な勉強会や研究会に参加した	銘柄大学 （n= 309）	29.1	25.9	9.4	19.1
	13大学 （n=1548）	26.3	27.1	7.2	20.7
教員に親近感を感じた	銘柄大学 （n= 309）	27.2	16.2	10.0	26.9
	13大学 （n=1548）	12.3	6.6	21.3	39.4
大学の教職員に将来のキャリアの相談をした	銘柄大学 （n= 309）	23.0	24.9	11.0	23.6
	13大学 （n=1548）	17.1	20.0	18.0	30.2
在学中を通じて自分は成長できたと実感できる	銘柄大学 （n= 309）	8.4	4.9	20.1	37.2
	13大学 （n=1548）	4.9	2.9	33.1	43.9

2-5　卒業論文についての意義

　卒業論文・卒業研究・専門分野のゼミの意義を尋ねた設問では、銘柄大学と13大学との間に大きな差はみられない（図表3-2-10。よって、グラフでは13大学の数字を省略する）。

　「とてもあてはまる」の多い順は、「困難なことを最後までやり遂げる経験」「自分の主張を分かりやすく伝える方法を学ぶ経験」「色々な人と議論す

170

る経験」「主体的な学習態度を養う経験」「専門教育の総仕上げ」「教養的知識の必要性を知る経験」であった。

　ただし、前述のように銘柄大学では卒論・卒研・専門ゼミを「経験しなかった」率が高い。そのため、「経験した」回答者のみを対象としたこの設問の回答数は285とかなり少ないことに注意が必要である（13大学のこの設問の回答数は1,475）。

図表3-2-10 卒業論文・卒業研究・専門分野のゼミについての意義
（全体／それぞれ単一回答）

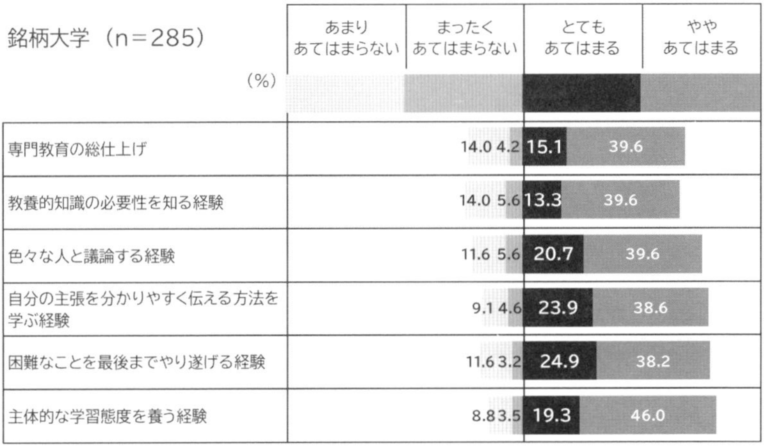

銘柄大学（n＝285）

	あまり あてはまらない	まったく あてはまらない	とても あてはまる	やや あてはまる
専門教育の総仕上げ	14.0	4.2	15.1	39.6
教養的知識の必要性を知る経験	14.0	5.6	13.3	39.6
色々な人と議論する経験	11.6	5.6	20.7	39.6
自分の主張を分かりやすく伝える方法を学ぶ経験	9.1	4.6	23.9	38.6
困難なことを最後までやり遂げる経験	11.6	3.2	24.9	38.2
主体的な学習態度を養う経験	8.8	3.5	19.3	46.0

（%）

2-6　大学在学中の満足度

　銘柄大学の満足度は、全体に13大学より低い（図表3-2-11）。Q7-9「就職活動」、Q7-10「総合満足度（学生生活全般について）」の2項目は、13大学に比べ銘柄大学で満足も少ないが不満足も少ないという結果である。

　「とても満足」の割合の高い上位3項目は、「友人関係」「部・サークル活動」「総合満足度」で13大学と同じ。「まったく満足していない」の多い上位3項目は、「外国語の学習」「卒論・卒研・専門ゼミ」「教養科目の講義」であった。

　卒論、部・サークル、アルバイトといった、経験率に差があるもので、満

足度にも差がついているようである。ただし、これらの項目では「経験した」回答者のみに満足度を尋ねており、設問によって回答数が異なることに注意が必要である。

図表3-2-11 大学在学中の満足度（それぞれの項目の経験者／それぞれ単一回答）

		あまり満足していない	まったく満足していない	とても満足している	やや満足している
専門科目の講義	銘柄大学 （n= 309）	8.4	3.2	16.2	45.6
	13大学 （n=1548）	6.3	2.4	24.2	49.0
教養科目の講義	銘柄大学 （n= 309）	10.4	3.9	13.9	44.3
	13大学 （n=1548）	7.3	2.7	13.6	47.0
外国語の学習	銘柄大学 （n= 309）	20.1	5.8	12.0	31.4
	13大学 （n=1548）	13.8	5.9	15.2	32.8
卒業論文・卒業研究・専門分野のゼミ	銘柄大学 （n= 285）	14.7	4.2	18.6	36.5
	13大学 （n=1475）	8.5	3.7	30.0	38.4
教員の授業のすすめ方	銘柄大学 （n= 309）	13.3	2.9	12.0	35.9
	13大学 （n=1548）	6.8	1.9	15.9	47.3
部・サークル活動	銘柄大学 （n= 272）	14.3	3.7	29.4	31.3
	13大学 （n= 971）	7.1	4.9	36.8	33.1
友人関係	銘柄大学 （n= 309）	8.4	1.9	36.9	31.7
	13大学 （n=1548）	4.8	2.1	51.2	31.2
アルバイト	銘柄大学 （n= 300）	9.7	2.7	26.3	37.7
	13大学 （n=1396）	7.0	2.2	36.5	35.4
就職活動（就職に関わる国家試験や教員採用試験のための勉強を含む）	銘柄大学 （n= 301）	15.6	2.7	18.3	36.9
	13大学 （n=1472）	13.3	6.8	19.2	36.7
学生生活全般について	銘柄大学 （n= 309）	5.5	1.3	27.8	45.6
	13大学 （n=1452）	5.9	2.2	36.6	43.3

2-7　仕事満足度とキャリア意識

　現在の仕事の満足度やキャリア意識について尋ねた設問では、全体的に肯定的回答が否定的回答を上回り、満足度は高いと言える（図表3-2-12）。しかし、13大学と比較すると、ほぼすべての設問で「そう思う／満足」が少なく、「そう思わない／不満足」が多い。

　銘柄大学と13大学の差が最も小さいのはQ10-6「現在の仕事への満足度」。

図表3-2-12　仕事満足度とキャリア意識（現在就業中／それぞれ単一回答）

			あまりそう思わない	まったくそう思わない	とてもそう思う	ややそう思う
※2	仕事に必要なスキルを、職場外で自主的に学んでいる	銘柄大学　（n= 309）	19.7	9.7	16.2	33.3
		13大学※1　（n=1402）	15.6	8.1	18.5	38.8
※3	現在の職場での仕事を通じた成長実感	銘柄大学　（n= 309）	6.8	1.9	20.1	52.4
		13大学　（n=1402）	3.6	1.2	29.9	55.0
	現在の仕事には意欲的に取り組むことができる	銘柄大学　（n= 309）	13.6	4.2	17.2	39.8
		13大学　（n=1314）	7.1	2.4	30.9	44.4
	これからのキャリアや人生を自分で切り開いていける	銘柄大学　（n= 309）	16.5	2.6	15.9	34.0
		13大学　（n=1402）	9.2	2.2	20.1	40.0
	現在の職場で評価されている	銘柄大学　（n= 309）	9.1	2.9	16.5	39.8
		13大学　（n=1314）	7.5	2.0	17.2	47.7
※4	現在の職場での仕事に対する満足度	銘柄大学　（n= 309）	13.3	4.2	12.6	47.6
		13大学　（n=1402）	12.3	3.7	16.5	42.5

※1：13大学調査では一部の大学で設定されていない設問があるため、現在就業中のn数が項目により異なる。
※2：選択肢は「とてもあてはまる」「ややあてはまる」「どちらともいえない」「あまりあてはまらない」「まったくあてはまらない」。
※3：選択肢は「自分はとても成長したと思う」「自分はやや成長したと思う」「どちらともいえない」「自分はあまり成長していないと思う」「自分はまったく成長していないと思う」。
※4：選択肢は「とても満足している」「やや満足している」「どちらともいえない」「あまり満足していない」「まったく満足していない」。

「とてもそう思う（あてはまる）」が最も多い項目は、Q10-2「現在の職場での仕事を通じた成長実感」、次いでQ10-3「現在の仕事には意欲的に取り組むことができる」、Q10-5「現在の職場で評価されている」となっている。

なお、この設問は現在就業中の人のみを回答者としているため、銘柄大学は全員が回答（N=309）しているが、13大学の回答者は（他の設問に比べ）少なくなっている。

2-8　大学で身に付けた能力（自己評価）／社会で求める能力

図表3-2-13はQ11「大学で身に付けた能力」の自己評価の回答を、「かなり身に付いた：5点」「やや身に付いた：4点」「どちらともいえない：3点」「あまり身に付かなかった：2点」「身に付かなかった：1点」、として算出した加重平均を「大学での修得度（自己評価）」としてグラフ化したものである。

コンピテンシーにあたるQ11-1〜Q11-9、およびリテラシーにあたるQ11-14〜Q11-17の修得度が3.47〜3.67であるのに対し、授業科目にかかわるQ11-10〜Q1-13は2.98から3.25にとどまる。13大学より少し値が小さいが、全体的な傾向はよく似ている。

「社会での必要度」も前項と同様、「絶対に必要：5点」「かなり必要：4点」「必要：3点」「少しは必要：2点」「あまり必要ではない：1点」、として算出した加重平均をグラフ化した（図表3-2-14）。

大学での修得度と同じく、コンピテンシー・リテラシーの必要度が高く、それに比べ授業科目にかかわる項目が低めという傾向があり、これは13大学と同じである。

ただし、グラフの形はよく似ているものの、加重平均の値はほぼすべての項目で13大学卒業生調査を下回る。とくにコンピテンシー項目（Q12-1〜Q12-9）ではその差が大きい（最大で0.51）。リテラシー項目、および授業科目にかかわる項目では、そのような大差はつかなかった。

「修得度（自己評価）」を横軸、「必要度」を縦軸にとって座標軸の図を作

図表3-2-13 大学での修得度（自己評価）（全体／平均値）

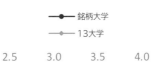

			銘柄大学	13大学
			n=309	n=1548
コンピテンシー	対人基礎力	Q11-1.親和力	3.67	3.82
		Q11-2.協働力	3.64	3.73
		Q11-3.統率力	3.47	3.53
	対自己基礎力	Q11-4.感情制御力	3.52	3.45
		Q11-5.自信創出力	3.54	3.59
		Q11-6.行動持続力	3.48	3.60
	対課題基礎力	Q11-7.課題発見力	3.59	3.61
		Q11-8.計画立案力	3.55	3.52
		Q11-9.実践力	3.66	3.73
授業科目		Q11-10.専門知識	3.25	3.55
		Q11-11.一般教養	3.18	3.39
		Q11-12.外国語能力	2.98	2.82
		Q11-13.データサイエンス能力	3.04	2.87
リテラシー		Q11-14.情報収集力	3.48	3.42
		Q11-15.情報分析力	3.49	3.35
		Q11-16.課題発見力	3.52	3.30
		Q11-17.構想力	3.56	3.36

※設問文は第1部第1章図表1-1-5もしくは巻末付表3を参照。

図表3-2-14 社会での必要度（全体／平均値）

			銘柄大学	13大学
			n=309	n=1548
コンピテンシー	対人基礎力	Q12-1.親和力	3.91	4.42
		Q12-2.協働力	3.76	4.27
		Q12-3.統率力	3.56	3.99
	対自己基礎力	Q12-4.感情制御力	3.76	4.22
		Q12-5.自信創出力	3.65	4.09
		Q12-6.行動持続力	3.66	4.06
	対課題基礎力	Q12-7.課題発見力	3.73	3.98
		Q12-8.計画立案力	3.66	3.99
		Q12-9.実践力	3.72	4.11
授業科目		Q12-10.専門知識	2.55	2.69
		Q12-11.一般教養	2.45	2.63
		Q12-12.外国語能力	2.58	2.56
		Q12-13.データサイエンス能力	3.04	3.04
リテラシー		Q12-14.情報収集力	3.63	3.60
		Q12-15.情報分析力	3.51	3.61
		Q12-16.課題発見力	3.57	3.65
		Q12-17.構想力	3.55	3.67

り、その中に平均点でプロットした散布図が図表3-2-15である。各座標の交点はそれぞれの平均値である。コンピテンシー・リテラシーの13項目はすべて右上の象限「修得度も必要度も平均以上」に入り、平均値近くにまとまって位置している。授業科目系の4項目はすべて左下の象限「修得度も必要度も平均以下」に入り、データサイエンス能力のみ必要度がやや高いほうに離れている。

176

　おおまかにいうと、「コンピテンシー・リテラシー」「外国語能力、一般教養、専門知識」の2群と、孤立する「データサイエンス能力」といった配置になっている。

図表3-2-15 修得度と必要度による各能力のポートフォリオ

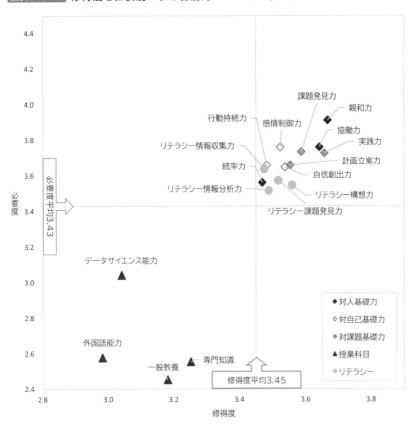

付　表

付表1　ジェネリックスキルテスト「PROG」の構成要素

大分類	中分類			小分類	
	要素名	定義		要素名	定義
リテラシーテスト	問題解決力	情報収集力	課題発見・課題解決に必要な情報を見定め、適切な手段を用いて収集・調査、整理する力	—	—
		情報分析力	収集した個々の情報を多角的に分析し、現状を正確に把握する力	—	—
		課題発見力	現象や事実のなかに隠れている問題点やその要因を発見し、解決すべき課題を設定する力	—	—
		構想力	さまざまな条件・制約を考慮して、解決策を吟味・選択し、具体化する力	—	—
	言語処理力		語彙や同義語、言葉のかかり受けなど、日本語の運用に関する基礎的な能力	—	—
	非言語処理力		数的処理や推論、図の読み取りなど、情報を読み解くために必要な（言語以外の）基礎的な能力	—	—
コンピテンシー	対人基礎力	親和力	相手の立場に立ち、思いやりを持ち、共感的に接することができる。また多様な価値観を柔軟に受け入れることができる	親しみやすさ	話しかけやすい雰囲気をつくる
				気配り	相手の立場に立って思いやる
				対人興味共感・受容	人に興味を持つ。共感し受けとめる
				多様性理解	多様な価値観を受け入れる
				人脈形成	有効な人間関係を築き、継続する
				信頼構築	他者を信頼する、他者から信頼される
		協働力	お互いの役割を理解し、情報共有しながら連携してチーム活動することができる。また、時には自分の役割外のことでも進んで助けることができる	役割理解連携行動	自分や周囲の役割を理解し、連携・協力する
				情報共有	一緒に物事を進める人達と情報共有する
				相互支援	互いに力を貸して助け合う
				相談・指導他者の動機づけ	相談にのる。アドバイスする。やる気にさせる
		統率力	どんな場・どんな相手に対しても臆せず発言でき、自分の考えをわかりやすく伝えることができる。またそのことが議論の活性化につながることを知っており、周囲にもそれをするよう働きかけることができる	話し合う	相手に合わせて、自分の考えを述べる
				意見を主張する	集団の中で自分の意見を主張する
				建設的・創造的な討議	議論の活発化のために自ら働きかける
				意見の調整、交渉、説得	意見を調整し、合意形成する。交渉、説得をする

コンピテンシーテスト	対自己基礎力	感情制御力	自分の感情や気持ちをつかみ、状況にあわせ言動をコントロールできる。また落ち込んだり、動揺したりした時に、独自で気持ちを立て直すことができる	セルフアウェアネス	感情や気持ちを認識し、言動を統制する
				ストレスコーピング	悪影響を及ぼすストレスを処理する
				ストレスマネジメント	緊張感やプレッシャーを力に変える
		自信創出力	他者と自分の違いを認め、自分の強みを認識することができる。また、「やればなんとかなる。自分がやるなら大丈夫」と自分を信頼し、奮い立たせることができる	独自性理解	他者との違いを認め、自己の強みを認識する
				自己効力感楽観性	自信を持つ。やればできるという確信を持つ
				学習視点機会による自己変革	学ぶ視点を持つ。経験を自己の変革に活かす
		行動持続力	一度決めたこと、やり始めたことは粘り強く取り組みやり遂げることができる。またそれは自分が自分の意思・判断で行っていることだと納得をして取り組むことができる	主体的行動	自分の意志や判断において進んで行動する
				完遂	決めたことを、粘り強く取り組みやり遂げる
				良い行動の習慣化	自分なりのやり方を見いだし、習慣化する
	対課題基礎力	課題発見力	さまざまな角度から情報を集め、分析し、本質的な問題の全体を捉えることができる。また原因は何なのかを特定し、課題を抽出することができる	情報収集	適切な方法を選択して情報を収集する
				本質理解	事実に基づいて情報を捉え、本質を見極める
				原因追究	課題を分析し、原因を明らかにする
		計画立案力	目標の実現や課題解決に向けての見通しを立てることができる。また、その計画が妥当なものであるか、一貫した関連性があるものかを評価し、ブラッシュアップできる	目標設定	ゴールイメージを明確にし、目標を立てる
				シナリオ構築	目標や課題解決に向けての見通しを立てる
				計画評価	自分の立てた計画を振り返り、見直す
				リスク分析	リスクを想定し、事前に対策を講じる
		実践力	幅広い視点からリスクを想定し、事前に対策を講じる。また、得られた結果に対しても検証をし、次回の改善につなげることができる	実践行動	自ら物事にとりかかる、実行に移す
				修正・調整	状況を見て、計画や行動を柔軟に変更する
				検証・改善	結果を検証し、次の改善につなげる

Q1.基本属性

		回答者	Q1-1. 性別		
		全体	男性	女性	無回答
回答者	全体	1548	50.3	48.6	1.1
	人文科学系	420	27.9	70.7	1.4
Q1-4.	社会科学系	562	59.8	39.5	0.7
大学で	理工系	366	82.0	16.7	1.4
の専門	医療・保健系	74	25.7	73.0	1.4
	その他	126	5.6	93.7	0.8
Q1-1.	男性	779	100.0	0.0	0.0
性別	女性	752	0.0	100.0	0.0

		回答者	Q1-2. 年齢		
		全体	20代	30代	40代以上
回答者	全体	1548	97.7	1.9	0.3
	人文科学系	420	97.9	1.9	0.2
Q1-4.	社会科学系	562	98.0	1.8	0.2
大学で	理工系	366	95.9	3.3	0.8
の専門	医療・保健系	74	100.0	0.0	0.0
	その他	126	100.0	0.0	0.0
Q1-1.	男性	779	96.7	3.1	0.3
性別	女性	752	98.9	0.8	0.3

		回答者	Q1-3. 現在お住まいの都道府県					
		全体	北海道	青森県	岩手県	宮城県	秋田県	山形県
回答者	全体	1548	0.5	1.7	0.6	0.3	0.1	0.0
	人文科学系	420	0.0	0.0	0.2	0.0	0.0	0.0
Q1-4.	社会科学系	562	0.4	0.5	0.0	0.2	0.0	0.0
大学で	理工系	366	1.4	5.2	1.6	0.8	0.3	0.0
の専門	医療・保健系	74	0.0	0.0	0.0	0.0	0.0	0.0
	その他	126	0.0	3.2	1.6	0.0	0.0	0.0
Q1-1.	男性	779	0.6	2.3	0.9	0.5	0.1	0.0
性別	女性	752	0.3	1.1	0.3	0.0	0.0	0.0

		福島県	茨城県	栃木県	群馬県	埼玉県	千葉県	東京都
回答者	全体	0.1	0.5	0.5	0.1	3.3	5.2	11.3
	人文科学系	0.0	0.5	0.5	0.0	2.9	6.4	11.7
Q1-4.	社会科学系	0.4	0.2	0.5	0.4	3.7	7.1	14.6
大学で	理工系	0.0	1.1	0.8	0.0	4.4	2.5	7.7
の専門	医療・保健系	0.0	0.0	0.0	0.0	1.4	1.4	5.4
	その他	0.0	0.8	0.0	0.0	0.8	2.4	9.5
Q1-1.	男性	0.1	0.9	0.8	0.0	4.2	4.2	9.8
性別	女性	0.1	0.1	0.3	0.3	2.4	6.3	12.9

Q1-3. 現在お住まいの都道府県

		神奈川県	新潟県	富山県	石川県	福井県	山梨県	長野県
回答者	全体	9.4	3.6	0.6	0.5	0.5	0.5	6.4
	人文科学系	3.6	0.2	0.5	0.7	0.2	0.0	0.7
Q1-4.	社会科学系	4.6	0.0	0.7	0.9	1.1	0.2	7.1
大学で	理工系	27.3	12.8	0.8	0.0	0.0	0.5	1.4
の専門	医療・保健系	1.4	10.8	0.0	0.0	0.0	4.1	59.5
	その他	2.4	0.0	0.0	0.0	0.0	1.6	5.6
Q1-1.	男性	13.7	6.0	1.0	0.4	0.9	0.5	5.0
性別	女性	4.8	1.2	0.1	0.7	0.0	0.5	7.3

		岐阜県	静岡県	愛知県	三重県	滋賀県	京都府	大阪府
回答者	全体	0.3	0.9	2.5	0.6	2.3	5.8	20.8
	人文科学系	0.0	1.2	2.9	1.2	3.1	6.9	32.9
Q1-4.	社会科学系	0.5	0.9	2.0	0.7	3.6	8.2	20.3
大学で	理工系	0.5	0.5	3.8	0.0	0.3	1.4	3.0
の専門	医療・保健系	0.0	2.7	0.0	0.0	0.0	8.1	5.4
	その他	0.0	0.0	0.8	0.0	0.8	3.2	43.7
Q1-1.	男性	0.5	1.0	3.5	0.5	2.1	4.9	13.7
性別	女性	0.1	0.8	1.3	0.7	2.5	6.9	28.1

		兵庫県	奈良県	和歌山県	鳥取県	島根県	岡山県	広島県
回答者	全体	5.0	3.4	0.6	0.1	0.3	0.8	1.0
	人文科学系	8.6	6.0	1.0	0.2	0.5	1.2	1.0
Q1-4.	社会科学系	6.0	1.4	0.7	0.2	0.4	0.7	1.4
大学で	理工系	0.5	0.3	0.0	0.0	0.0	0.5	0.5
の専門	医療・保健系	0.0	0.0	0.0	0.0	0.0	0.0	0.0
	その他	4.0	15.1	1.6	0.0	0.0	0.8	1.6
Q1-1.	男性	4.5	1.4	0.5	0.3	0.1	0.9	0.9
性別	女性	5.5	5.6	0.8	0.0	0.4	0.7	1.2

		山口県	徳島県	香川県	愛媛県	高知県	福岡県	佐賀県
回答者	全体	0.1	0.3	0.5	0.5	0.0	1.1	0.3
	人文科学系	0.0	0.7	0.5	0.5	0.0	0.0	0.0
Q1-4.	社会科学系	0.0	0.0	0.7	0.9	0.0	1.6	0.5
大学で	理工系	0.3	0.5	0.3	0.3	0.0	1.4	0.3
の専門	医療・保健系	0.0	0.0	0.0	0.0	0.0	0.0	0.0
	その他	0.0	0.0	0.0	0.0	0.0	0.0	0.0
Q1-1.	男性	0.1	0.4	0.4	0.6	0.0	1.8	0.4
性別	女性	0.0	0.3	0.5	0.4	0.0	0.4	0.0

		長崎県	熊本県	大分県	宮崎県	鹿児島県	沖縄県	海外
回答者	全体	0.1	0.5	2.0	0.5	0.4	2.8	1.1
	人文科学系	0.0	0.2	0.2	0.2	0.0	0.0	2.4
Q1-4.	社会科学系	0.0	0.5	3.6	0.7	1.1	0.4	0.5
大学で	理工系	0.3	1.1	2.7	0.8	0.0	11.2	0.8
の専門	医療・保健系	0.0	0.0	0.0	0.0	0.0	0.0	0.0
	その他	0.0	0.0	0.0	0.0	0.0	0.0	0.8
Q1-1.	男性	0.0	0.8	3.3	0.9	0.6	3.1	0.6
性別	女性	0.1	0.3	0.7	0.1	0.1	2.5	1.5

回答者		全体	Q1-4. 大学での専門				
			人文科学系	社会科学系	理工系	医療・保健系	その他
回答者	全体	1548	27.1	36.3	23.6	4.8	8.1
Q1-4. 大学で の専門	人文科学系	420	100.0	0.0	0.0	0.0	0.0
	社会科学系	562	0.0	100.0	0.0	0.0	0.0
	理工系	366	0.0	0.0	100.0	0.0	0.0
	医療・保健系	74	0.0	0.0	0.0	100.0	0.0
	その他	126	0.0	0.0	0.0	0.0	100.0
Q1-1. 性別	男性	779	15.0	43.1	38.5	2.4	0.9
	女性	752	39.5	29.5	8.1	7.2	15.7

回答者		全体	Q1-5. 卒業した時期				
			2014年3月	2015年3月	2016年3月	2017年3月	その他
回答者	全体	1548	4.4	35.3	30.6	27.1	2.6
Q1-4. 大学で の専門	人文科学系	420	3.8	35.0	36.0	24.0	1.2
	社会科学系	562	5.2	48.6	22.1	23.8	0.4
	理工系	366	5.2	17.5	32.5	36.1	8.7
	医療・保健系	74	0.0	18.9	41.9	39.2	0.0
	その他	126	3.2	38.1	38.9	19.0	0.8
Q1-1. 性別	男性	779	4.9	33.9	30.3	26.6	4.4
	女性	752	4.0	37.0	30.9	27.4	0.8

回答者		全体	Q1-6. 大学入試の形態					
			一般入試	センター利用 入試	推薦入試	AO入試	外国人留学生 入試編入試験	その他
回答者	全体	1548	33.5	11.0	38.4	12.2	0.3	4.7
Q1-4. 大学で の専門	人文科学系	420	36.2	7.6	38.6	11.2	0.5	6.0
	社会科学系	562	32.4	10.5	39.0	12.3	0.2	5.7
	理工系	366	34.4	15.0	35.0	12.8	0.3	2.5
	医療・保健系	74	24.3	16.2	52.7	6.8	0.0	0.0
	その他	126	31.7	9.5	36.5	16.7	0.0	5.6
Q1-1. 性別	男性	779	34.0	11.3	38.9	11.3	0.1	4.4
	女性	752	33.2	10.8	37.5	13.0	0.3	5.2

回答者		全体	Q1-7. 大学入学時の志望順位		
			第1志望	第2志望	第3志望以下
回答者	全体	1548	55.7	20.5	23.8
Q1-4. 大学で の専門	人文科学系	420	49.8	24.3	26.0
	社会科学系	562	58.7	20.1	21.2
	理工系	366	57.1	18.0	24.9
	医療・保健系	74	54.1	21.6	24.3
	その他	126	59.5	15.9	24.6
Q1-1. 性別	男性	779	56.6	20.4	23.0
	女性	752	54.9	20.6	24.5

回答者		全体	Q1-8. 婚姻状況		
			未婚	既婚	無回答
回答者	全体	1548	79.1	20.4	0.5
Q1-4. 大学で の専門	人文科学系	420	79.0	20.7	0.2
	社会科学系	562	76.3	23.3	0.4
	理工系	366	85.5	13.4	1.1
	医療・保健系	74	73.0	25.7	1.4
	その他	126	76.2	23.8	0.0
Q1-1. 性別	男性	779	80.2	19.3	0.5
	女性	752	77.9	21.7	0.4

Q2.高校時代

回答者		回答者 全体	Q2-1. 高校の所在地					
			北海道	青森県	岩手県	宮城県	秋田県	山形県
回答者	全体	1548	0.5	2.3	0.6	0.2	0.6	0.4
Q1-4. 大学での専門	人文科学系	420	0.2	0.2	0.0	0.2	0.0	0.0
	社会科学系	562	0.9	0.2	0.2	0.2	0.0	0.4
	理工系	366	0.3	7.7	1.6	0.3	2.5	1.1
	医療・保健系	74	0.0	0.0	0.0	0.0	0.0	0.0
	その他	126	0.0	4.0	2.4	0.0	0.0	0.0
Q1-1. 性別	男性	779	0.4	3.3	0.8	0.1	0.9	0.5
	女性	752	0.5	1.2	0.5	0.3	0.1	0.3

		福島県	茨城県	栃木県	群馬県	埼玉県	千葉県	東京都
回答者	全体	0.3	0.8	0.4	0.1	1.3	3.6	5.5
Q1-4. 大学での専門	人文科学系	0.5	0.5	0.2	0.0	0.5	5.0	3.3
	社会科学系	0.4	0.7	0.7	0.2	2.5	5.2	7.5
	理工系	0.0	1.4	0.3	0.3	1.1	0.8	6.8
	医療・保健系	0.0	0.0	0.0	0.0	0.0	1.4	0.0
	その他	0.0	0.8	0.0	0.0	0.0	1.6	3.2
Q1-1. 性別	男性	0.0	1.3	0.1	0.1	1.5	2.7	5.0
	女性	0.5	0.3	0.5	0.1	1.1	4.7	6.0

		神奈川県	新潟県	富山県	石川県	福井県	山梨県	長野県
回答者	全体	4.8	4.1	0.8	0.6	0.8	0.6	6.4
Q1-4. 大学での専門	人文科学系	0.0	1.0	1.2	1.0	0.7	0.0	0.7
	社会科学系	0.9	0.4	0.7	1.1	1.6	0.5	7.5
	理工系	19.1	13.7	0.8	0.0	0.0	0.5	1.4
	医療・保健系	0.0	10.8	0.0	0.0	0.0	4.1	55.4
	その他	0.0	0.0	0.0	0.0	0.0	1.6	6.3
Q1-1. 性別	男性	8.7	6.2	1.0	0.6	1.0	0.6	5.4
	女性	0.7	2.0	0.5	0.7	0.5	0.7	7.0

		岐阜県	静岡県	愛知県	三重県	滋賀県	京都府	大阪府
回答者	全体	0.4	0.8	0.6	0.7	3.0	7.2	19.3
Q1-4. 大学での専門	人文科学系	0.2	1.2	1.0	1.2	3.8	9.5	33.1
	社会科学系	0.4	0.4	0.7	0.9	5.2	9.4	16.5
	理工系	0.8	1.4	0.0	0.3	0.3	1.9	3.0
	医療・保健系	0.0	1.4	0.0	0.0	0.0	6.8	5.4
	その他	0.0	0.0	1.6	0.0	0.8	4.8	40.5
Q1-1. 性別	男性	0.4	0.8	0.6	0.5	3.1	6.3	13.6
	女性	0.4	0.9	0.7	0.9	3.1	8.2	25.1

		兵庫県	奈良県	和歌山県	鳥取県	島根県	岡山県	広島県
回答者	全体	4.8	4.1	1.2	0.3	0.4	1.2	0.8
Q1-4. 大学での専門	人文科学系	7.4	6.0	1.9	0.5	1.2	1.4	1.7
	社会科学系	6.4	2.8	1.6	0.4	0.2	2.0	0.2
	理工系	0.3	0.3	0.0	0.0	0.0	0.0	0.8
	医療・保健系	0.0	1.4	0.0	0.0	0.0	0.0	1.4
	その他	5.6	16.7	1.6	0.0	0.0	0.8	0.8
Q1-1. 性別	男性	4.1	2.6	0.8	0.5	0.1	1.0	0.6
	女性	5.7	5.9	1.7	0.0	0.5	1.3	1.1

		Q2-1. 高校の所在地						
		山口県	徳島県	香川県	愛媛県	高知県	福岡県	佐賀県
回答者	全体	0.2	0.5	0.8	0.7	0.1	1.0	0.5
Q1-4. 大学での専門	人文科学系	0.5	1.0	1.4	1.0	0.2	0.5	0.2
	社会科学系	0.0	0.0	0.7	0.9	0.2	1.6	0.9
	理工系	0.3	0.5	0.3	0.5	0.0	1.4	0.3
	医療・保健系	0.0	1.4	0.0	0.0	0.0	0.0	0.0
	その他	0.0	0.0	0.8	0.0	0.0	0.0	0.0
Q1-1. 性別	男性	0.4	0.4	0.4	0.8	0.0	1.5	0.5
	女性	0.0	0.5	1.2	0.7	0.3	0.5	0.3

		長崎県	熊本県	大分県	宮崎県	鹿児島県	沖縄県	海外	無回答
回答者	全体	0.3	0.7	2.3	0.7	0.5	2.6	0.1	9.4
Q1-4. 大学での専門	人文科学系	0.0	0.5	0.2	0.2	0.2	0.0	0.5	8.3
	社会科学系	0.2	0.9	3.6	0.4	1.1	0.4	0.0	10.9
	理工系	0.8	1.1	3.8	2.2	0.3	10.4	0.0	9.6
	医療・保健系	0.0	0.0	0.0	0.0	0.0	0.0	0.0	10.8
	その他	0.0	0.0	0.8	0.0	0.0	0.0	0.0	5.6
Q1-1. 性別	男性	0.3	0.9	3.9	1.0	0.6	2.4	0.0	11.4
	女性	0.3	0.5	0.8	0.4	0.4	2.8	0.3	7.3

		回答者 全体	Q2-2. あなたが卒業した高校のクラスでは、大学（短大や専門学校を含みません）への進学者はどれくらいいましたか					
			ほとんど全員	8～9割	5～8割未満	3～5割未満	ほとんどいない	無回答
回答者	全体	1548	38.0	28.3	16.0	10.5	6.9	0.2
Q1-4. 大学での専門	人文科学系	420	44.5	33.3	13.3	6.4	2.4	0.0
	社会科学系	562	36.3	30.4	16.4	10.9	6.0	0.0
	理工系	366	30.1	19.9	18.0	16.9	14.5	0.5
	医療・保健系	74	35.1	27.0	21.6	9.5	5.4	1.4
	その他	126	49.2	27.0	14.3	4.8	4.8	0.0
Q1-1. 性別	男性	779	32.1	26.4	17.1	14.5	9.8	0.1
	女性	752	44.7	29.8	14.9	6.6	3.9	0.1

		回答者 全体	Q2-3. 高校生活全体について、満足している					
			とてもあてはまる	ややあてはまる	どちらともいえない	あまりあてはまらない	まったくあてはまらない	無回答
回答者	全体	1548	30.9	41.6	15.7	7.9	3.5	0.3
Q1-4. 大学での専門	人文科学系	420	32.6	43.8	12.6	7.9	2.9	0.2
	社会科学系	562	32.4	39.1	16.9	6.9	4.6	0.0
	理工系	366	26.2	42.6	17.2	10.4	3.0	0.5
	医療・保健系	74	31.1	45.9	16.2	4.1	1.4	1.4
	その他	126	32.5	39.7	15.9	7.9	3.2	0.8
Q1-1. 性別	男性	779	28.4	41.2	16.2	9.4	4.6	0.3
	女性	752	34.3	41.5	15.2	6.6	2.1	0.3

184

Q3.学生時代の成績

Q3-1. 中学3年生の時の学校内成績

		回答者 全体	上のほう	やや上	真ん中くら	やや下	下のほう
回答者	全体	1548	17.6	26.4	35.0	11.9	9.0
Q1-4. 大学での専門	人文科学系	420	18.6	31.4	33.8	10.5	5.7
	社会科学系	562	16.2	25.6	36.5	11.4	10.3
	理工系	366	18.0	23.8	32.5	14.5	11.2
	医療・保健系	74	17.6	27.0	41.9	8.1	5.4
	その他	126	19.8	20.6	35.7	13.5	10.3
Q1-1. 性別	男性	779	13.1	24.6	34.9	14.8	12.6
	女性	752	22.2	28.3	35.1	9.0	5.3

Q3-2. 高校3年生の時の学校内成績

		回答者 全体	上のほう	やや上	真ん中くら	やや下	下のほう	無回答
回答者	全体	1548	15.2	21.1	36.6	16.3	10.6	0.2
Q1-4. 大学での専門	人文科学系	420	14.0	22.6	37.9	16.4	8.8	0.2
	社会科学系	562	15.7	22.4	35.2	16.7	9.8	0.2
	理工系	366	16.4	18.3	36.9	14.8	13.4	0.3
	医療・保健系	74	20.3	25.7	29.7	14.9	9.5	0.0
	その他	126	10.3	15.9	41.3	19.8	12.7	0.0
Q1-1. 性別	男性	779	16.7	17.6	35.2	17.3	13.1	0.1
	女性	752	13.6	25.1	38.0	15.3	7.8	0.1

Q3-3. 大学卒業時の成績

		回答者 全体	良い	どちらかといえば良い	どちらともいえない	どちらかといえば良く	良くない
回答者	全体	1548	16.4	33.7	33.3	11.6	4.9
Q1-4. 大学での専門	人文科学系	420	17.4	36.9	32.9	9.0	3.8
	社会科学系	562	14.4	30.6	38.1	11.7	5.2
	理工系	366	17.5	33.6	29.5	12.8	6.6
	医療・保健系	74	12.2	41.9	23.0	17.6	5.4
	その他	126	21.4	32.5	31.0	12.7	2.4
Q1-1. 性別	男性	779	16.0	30.6	34.0	12.6	6.8
	女性	752	16.8	37.4	32.3	10.8	2.8

Q4.大学時代の取り組み姿勢・熱心度

Q4-1. 専門科目の講義

		回答者 全体	とても熱心だった	やや熱心だった	どちらともいえない	あまり熱心でなかった	まったく熱心でなかった
回答者	全体	1548	21.4	45.3	20.5	10.6	2.2
Q1-4. 大学での専門	人文科学系	420	27.1	48.8	14.3	8.1	1.7
	社会科学系	562	16.9	40.0	26.2	13.5	3.4
	理工系	366	17.5	49.2	20.5	10.9	1.9
	医療・保健系	74	31.1	45.9	13.5	9.5	0.0
	その他	126	27.8	46.0	19.8	5.6	0.8
Q1-1. 性別	男性	779	19.4	43.0	21.2	13.4	3.1
	女性	752	23.7	47.7	19.8	7.4	1.3

Q4-2. 教養科目の講義

		回答者 全体	とても熱心だった	やや熱心だった	どちらともいえない	あまり熱心でなかった	まったく熱心でなかった
回答者	全体	1548	10.2	42.0	31.3	13.6	2.9
Q1-4. 大学での専門	人文科学系	420	13.6	47.6	25.2	11.4	2.1
	社会科学系	562	9.1	40.9	33.1	13.5	3.4
	理工系	366	10.4	37.4	34.2	13.9	4.1
	医療・保健系	74	6.8	44.6	31.1	17.6	0.0
	その他	126	5.6	39.7	35.7	13.6	1.6
Q1-1. 性別	男性	779	11.4	36.1	34.9	13.5	4.1
	女性	752	8.9	48.0	27.8	13.7	1.6

Q4-3. 外国語の学習

		回答者 全体	とても熱心だった	やや熱心だった	どちらともいえない	あまり熱心でなかった	まったく熱心でなかった
回答者	全体	1548	15.7	26.3	27.4	22.3	8.3
Q1-4. 大学での専門	人文科学系	420	31.0	35.2	16.9	12.9	4.0
	社会科学系	562	12.6	25.1	28.8	23.8	9.6
	理工系	366	8.2	21.9	34.2	26.0	9.8
	医療・保健系	74	4.1	16.2	37.8	32.4	9.5
	その他	126	7.1	20.6	30.2	30.2	11.9
Q1-1. 性別	男性	779	12.2	22.3	29.9	24.6	10.9
	女性	752	19.0	30.3	24.9	20.1	5.7

Q4-4. 卒業論文・卒業研究・専門分野のゼミ

		回答者 全体	とても熱心だった	やや熱心だった	どちらともいえない	あまり熱心でなかった	まったく熱心でなかった	卒業論文・卒業研究・ゼミを経験しなかった
回答者	全体	1548	24.9	34.4	20.3	11.7	4.0	4.7
Q1-4. 大学での専門	人文科学系	420	22.9	40.0	19.5	11.4	2.1	4.0
	社会科学系	562	20.6	25.8	23.8	14.4	5.7	9.6
	理工系	366	26.8	39.3	19.7	10.4	3.6	0.3
	医療・保健系	74	35.1	41.9	9.5	8.1	5.4	0.0
	その他	126	39.7	34.9	15.1	6.3	3.2	0.8
Q1-1. 性別	男性	779	24.3	31.3	20.8	13.5	5.0	5.1
	女性	752	25.9	37.2	19.9	9.8	3.1	4.0

Q4-5. 部・サークル活動

		回答者 全体	とても熱心だった	やや熱心だった	どちらともいえない	あまり熱心でなかった	まったく熱心でなかった	部・サークル活動を経験しなかった
回答者	全体	1548	24.2	18.7	9.0	6.7	4.3	37.3
Q1-4. 大学での専門	人文科学系	420	27.6	15.7	7.1	7.6	3.8	38.1
	社会科学系	562	28.5	20.1	8.7	6.4	3.6	32.7
	理工系	366	18.9	18.0	10.4	6.3	6.0	40.4
	医療・保健系	74	9.5	23.0	12.2	5.4	2.7	47.3
	その他	126	17.5	21.4	10.3	6.3	4.8	39.7
Q1-1. 性別	男性	779	25.4	19.6	8.7	6.4	4.7	35.0
	女性	752	23.3	17.4	9.2	6.9	3.5	39.8

Q4-6. アルバイト

		回答者 全体	とても熱心だった	やや熱心だった	どちらともいえない	あまり熱心でなかった	まったく熱心でなかった	アルバイトを経験しなかった
回答者	全体	1548	27.4	32.8	16.3	10.3	3.4	9.8
Q1-4. 大学での専門	人文科学系	420	32.6	32.9	13.3	11.7	3.6	6.0
	社会科学系	562	27.9	32.7	16.0	11.6	2.8	8.9
	理工系	366	19.9	28.7	21.0	9.6	4.6	16.1
	医療・保健系	74	18.9	40.5	14.9	9.5	2.7	13.5
	その他	126	34.1	40.5	14.3	2.4	2.4	6.3
Q1-1. 性別	男性	779	23.6	30.7	17.2	12.5	4.2	11.8
	女性	752	31.5	35.1	15.4	7.8	2.7	7.4

Q4-7. 就職活動（国家試験のための勉強を含む）

		回答者 全体	とても熱心だった	やや熱心だった	どちらともいえない	あまり熱心でなかった	まったく熱心でなかった	就職活動を経験しなかった
回答者	全体	1548	23.8	33.6	16.5	15.4	5.7	4.9
Q1-4. 大学での専門	人文科学系	420	19.5	32.6	15.0	17.9	6.9	8.1
	社会科学系	562	27.2	32.0	15.8	14.8	6.6	3.6
	理工系	366	19.1	37.7	19.4	14.8	4.6	4.4
	医療・保健系	74	33.8	32.4	18.9	10.8	2.7	1.4
	その他	126	31.0	32.5	15.1	15.1	2.4	4.0
Q1-1. 性別	男性	779	23.1	34.3	16.8	14.8	6.4	4.6
	女性	752	25.0	32.6	16.1	16.4	4.7	5.3

Q5.大学時代の学修経験や成長実感

		回答者	Q5-1. 授業中に自分から発言した				
		全体	とても あてはまる	やや あてはまる	どちらとも いえない	あまりあて はまらない	まったくあて はまらない
回答者	全体	1548	6.1	22.2	26.6	28.4	16.8
Q1-4. 大学で の専門	人文科学系	420	10.2	30.0	22.6	26.9	10.2
	社会科学系	562	5.3	19.0	25.4	28.6	21.5
	理工系	366	5.5	19.4	31.1	25.7	18.3
	医療・保健系	74	1.4	10.8	21.6	50.0	16.2
	その他	126	0.8	24.6	34.1	27.0	13.5
Q1-1. 性別	男性	779	6.9	21.8	27.5	24.8	19.0
	女性	752	4.9	22.9	25.8	31.8	14.6

		回答者	Q5-2. 授業についていけなかった（わからなかった）				
		全体	とても あてはまる	やや あてはまる	どちらとも いえない	あまりあて はまらない	まったくあて はまらない
回答者	全体	1548	2.1	13.9	25.8	42.7	15.5
Q1-4. 大学で の専門	人文科学系	420	2.6	12.4	21.9	45.7	17.4
	社会科学系	562	1.2	10.9	27.8	42.2	18.0
	理工系	366	3.3	19.9	29.5	35.0	12.3
	医療・保健系	74	1.4	14.9	18.9	55.4	9.5
	その他	126	1.6	14.3	23.0	50.0	11.1
Q1-1. 性別	男性	779	2.4	14.6	27.0	38.1	17.8
	女性	752	1.6	13.2	24.6	47.5	13.2

		回答者	Q5-3. 授業の内容について他の学生と議論した				
		全体	とても あてはまる	やや あてはまる	どちらとも いえない	あまりあて はまらない	まったくあて はまらない
回答者	全体	1548	8.7	36.0	24.0	21.7	9.6
Q1-4. 大学で の専門	人文科学系	420	12.4	37.6	22.4	20.2	7.4
	社会科学系	562	6.4	29.0	26.7	24.0	13.9
	理工系	366	8.5	40.2	24.6	17.8	9.0
	医療・保健系	74	4.1	51.4	21.6	20.3	2.7
	その他	126	9.5	40.5	17.5	28.6	4.0
Q1-1. 性別	男性	779	9.0	33.6	26.3	19.0	12.1
	女性	752	8.0	38.8	21.5	24.6	7.0

		回答者	Q5-4. 自主的な勉強会や研究会に参加した				
		全体	とても あてはまる	やや あてはまる	どちらとも いえない	あまりあて はまらない	まったくあて はまらない
回答者	全体	1548	7.2	20.7	18.7	26.3	27.1
Q1-4. 大学で の専門	人文科学系	420	9.0	19.3	20.0	24.0	27.6
	社会科学系	562	7.7	18.7	16.9	26.7	30.1
	理工系	366	5.5	23.2	20.2	25.4	25.7
	医療・保健系	74	0.0	21.6	21.6	37.8	18.9
	その他	126	7.9	27.0	16.7	27.8	20.6
Q1-1. 性別	男性	779	7.6	19.4	18.2	26.2	28.6
	女性	752	6.4	22.5	19.3	26.2	25.7

		回答者	Q5-5. 教員に親近感を感じた				
		全体	とても あてはまる	やや あてはまる	どちらとも いえない	あまりあて はまらない	まったくあて はまらない
回答者	全体	1548	21.3	39.4	20.5	12.3	6.6
Q1-4. 大学で の専門	人文科学系	420	21.7	44.0	16.9	12.9	4.5
	社会科学系	562	21.2	32.7	21.2	13.9	11.0
	理工系	366	19.7	41.0	23.2	12.3	3.8
	医療・保健系	74	25.7	51.4	20.3	2.7	0.0
	その他	126	22.2	42.1	21.4	8.7	5.6
Q1-1. 性別	男性	779	20.3	37.5	21.4	11.9	8.9
	女性	752	22.2	41.9	19.3	12.6	4.0

	回答者	Q5-6. 大学の教職員に将来のキャリアの相談をした				
	全体	とても あてはまる	やや あてはまる	どちらとも いえない	あまりあて はまらない	まったくあて はまらない
回答者 全体	1548	18.0	30.2	14.7	17.1	20.0
人文科学系	420	14.5	26.0	11.9	20.2	27.4
Q1-4. 社会科学系	562	20.5	29.2	15.3	15.3	19.8
大学で 理工系	366	16.1	30.6	18.6	18.3	16.4
の専門 医療・保健系	74	18.9	43.2	13.5	14.9	9.5
その他	126	23.0	40.5	11.1	12.7	12.7
Q1-1. 男性	779	17.1	29.4	15.7	15.8	22.1
性別 女性	752	19.1	31.1	13.6	18.6	17.6

	回答者	Q5-7. 在学中を通じて自分は成長できたと実感できる				
	全体	とても あてはまる	やや あてはまる	どちらとも いえない	あまりあて はまらない	まったくあて はまらない
回答者 全体	1548	33.1	43.9	15.2	4.9	2.9
人文科学系	420	34.5	45.0	11.2	5.2	4.0
Q1-4. 社会科学系	562	35.4	39.7	16.0	5.3	3.6
大学で 理工系	366	29.0	46.4	18.9	3.8	1.9
の専門 医療・保健系	74	32.4	56.8	9.5	1.4	0.0
その他	126	30.2	44.4	17.5	7.1	0.8
Q1-1. 男性	779	32.0	44.2	16.2	4.4	3.3
性別 女性	752	34.6	43.8	14.1	5.2	2.4

Q6.卒業論文・卒業研究・専門分野のゼミについての意義

	回答者	Q6-1. 専門教育の総仕上げ				
	全体	とても あてはまる	やや あてはまる	どちらとも いえない	あまりあて はまらない	まったくあて はまらない
卒論・卒研・ゼミ経験者	1475	18.9	41.0	21.4	12.7	5.9
人文科学系	403	17.9	40.7	20.1	13.9	7.4
Q1-4. 社会科学系	508	16.9	35.4	23.8	15.9	7.9
大学で 理工系	365	19.2	46.0	21.4	9.9	3.6
の専門 医療・保健系	74	28.4	44.6	20.3	6.8	0.0
その他	125	24.0	48.0	16.8	8.0	3.2
Q1-1. 男性	739	19.1	36.8	23.7	13.0	7.4
性別 女性	722	19.0	44.9	19.3	12.6	4.3

	回答者	Q6-2. 教養的知識の必要性を知る経験				
	全体	とても あてはまる	やや あてはまる	どちらとも いえない	あまりあて はまらない	まったくあて はまらない
卒論・卒研・ゼミ経験者	1475	17.4	46.4	20.9	11.0	4.3
人文科学系	403	19.1	50.9	15.1	10.7	4.2
Q1-4. 社会科学系	508	16.3	41.9	23.0	13.4	5.3
大学で 理工系	365	17.3	43.3	24.7	11.0	3.8
の専門 医療・保健系	74	17.6	59.5	20.3	1.4	1.4
その他	125	16.0	52.0	20.8	8.0	3.2
Q1-1. 男性	739	19.4	41.3	22.1	12.0	5.3
性別 女性	722	15.4	51.5	19.8	10.1	3.2

	回答者	Q6-3. 色々な人と議論する経験				
	全体	とても あてはまる	やや あてはまる	どちらとも いえない	あまりあて はまらない	まったくあて はまらない
卒論・卒研・ゼミ経験者	1475	23.9	38.6	20.2	11.8	5.6
人文科学系	403	21.1	39.7	18.1	14.4	6.7
Q1-4. 社会科学系	508	26.0	34.8	21.5	11.8	5.9
大学で 理工系	365	23.6	41.1	19.2	10.7	5.5
の専門 医療・保健系	74	27.0	43.2	23.0	5.4	1.4
その他	125	23.2	40.0	23.2	10.4	3.2
Q1-1. 男性	739	22.7	39.1	20.3	11.0	6.9
性別 女性	722	24.9	38.1	20.2	12.6	4.2

	回答者	Q6-4. 自分の主張を分かりやすく伝える方法を学ぶ経験				
	全体	とてもあてはまる	ややあてはまる	どちらともいえない	あまりあてはまらない	まったくあてはまらない
卒論・卒研・ゼミ経験者	1475	21.6	41.7	21.4	10.6	4.7
Q1-4.大学での専門 人文科学系	403	19.1	43.7	19.9	11.9	5.5
社会科学系	508	22.0	37.4	23.0	11.4	6.1
理工系	365	24.7	42.7	20.0	9.9	2.7
医療・保健系	74	18.9	54.1	21.6	2.7	2.7
その他	125	20.8	42.4	23.2	10.4	3.2
Q1-1.性別 男性	739	22.6	39.6	21.7	10.6	5.5
女性	722	20.6	43.8	21.2	10.8	3.6

	回答者	Q6-5. 困難なことを最後までやり遂げる経験				
	全体	とてもあてはまる	ややあてはまる	どちらともいえない	あまりあてはまらない	まったくあてはまらない
卒論・卒研・ゼミ経験者	1475	27.9	41.4	17.9	8.5	4.4
Q1-4.大学での専門 人文科学系	403	27.3	43.2	16.6	8.2	4.7
社会科学系	508	23.0	39.2	20.7	11.4	5.7
理工系	365	31.2	41.1	17.8	7.1	2.7
医療・保健系	74	36.5	43.2	14.9	4.1	1.4
その他	125	34.4	44.0	12.8	4.0	4.8
Q1-1.性別 男性	739	26.7	38.8	19.1	9.9	5.5
女性	722	29.2	43.9	16.6	7.2	3.0

	回答者	Q6-6. 主体的な学習態度を養う経験				
	全体	とてもあてはまる	ややあてはまる	どちらともいえない	あまりあてはまらない	まったくあてはまらない
卒論・卒研・ゼミ経験者	1475	23.8	44.7	19.1	8.2	4.1
Q1-4.大学での専門 人文科学系	403	23.8	45.4	18.4	8.2	4.2
社会科学系	508	23.4	42.3	19.3	9.4	5.5
理工系	365	24.4	43.8	20.5	8.2	3.0
医療・保健系	74	24.3	55.4	16.2	2.7	1.4
その他	125	23.2	48.8	18.4	6.4	3.2
Q1-1.性別 男性	739	22.7	42.9	19.4	9.6	5.4
女性	722	25.1	46.4	19.0	6.8	2.8

Q7.大学在学中の満足度

	回答者	Q7-1. 専門科目の講義				
	全体	とても満足している	やや満足している	どちらともいえない	あまり満足していない	まったく満足していない
回答者 全体	1548	24.2	49.0	18.2	6.3	2.4
Q1-4.大学での専門 人文科学系	420	31.4	47.6	13.6	5.2	2.1
社会科学系	562	19.6	45.2	23.1	8.4	3.7
理工系	366	22.4	53.3	16.7	6.0	1.6
医療・保健系	74	25.7	60.8	12.2	1.4	0.0
その他	126	25.4	50.8	19.0	4.0	0.8
Q1-1.性別 男性	779	21.3	47.2	21.3	6.5	3.6
女性	752	27.3	50.9	15.2	5.9	0.8

	回答者	Q7-2. 教養科目の講義				
	全体	とても満足している	やや満足している	どちらともいえない	あまり満足していない	まったく満足していない
回答者 全体	1548	13.6	47.0	29.3	7.3	2.7
Q1-4.大学での専門 人文科学系	420	16.4	51.4	23.6	6.2	2.4
社会科学系	562	13.9	44.8	29.5	8.2	3.6
理工系	366	12.6	46.4	32.0	6.6	2.5
医療・保健系	74	9.5	50.0	35.1	5.4	0.0
その他	126	8.7	42.1	36.5	10.3	2.4
Q1-1.性別 男性	779	13.5	42.2	32.9	7.3	4.1
女性	752	14.0	51.7	25.8	7.3	1.2

		回答者	Q7-3. 外国語の学習				
		全体	とても満足している	やや満足している	どちらともいえない	あまり満足していない	まったく満足していない
回答者	全体	1548	15.2	32.8	32.4	13.8	5.9
	人文科学系	420	27.1	42.9	17.6	9.0	3.3
Q1-4.	社会科学系	562	14.2	29.4	34.5	14.1	7.8
大学で	理工系	366	9.0	29.5	38.8	16.4	6.3
の専門	医療・保健系	74	2.7	25.7	47.3	18.9	5.4
	その他	126	4.8	27.8	44.4	18.3	4.8
Q1-1.	男性	779	12.6	28.8	34.7	15.5	8.5
性別	女性	752	17.8	36.6	30.2	12.2	3.2

		回答者	Q7-4. 卒業論文・卒業研究・専門分野のゼミ				
		全体	とても満足している	やや満足している	どちらともいえない	あまり満足していない	まったく満足していない
経験者	全体	1475	30.0	38.4	19.4	8.5	3.7
	人文科学系	403	29.5	40.9	18.6	8.2	2.7
Q1-4.	社会科学系	508	26.4	33.7	23.8	10.4	5.7
大学で	理工系	365	32.9	41.9	14.8	6.8	3.6
の専門	医療・保健系	74	35.1	39.2	14.9	10.8	0.0
	その他	125	34.4	39.2	20.0	4.8	1.6
Q1-1.	男性	739	28.4	37.1	20.3	9.1	5.1
性別	女性	722	31.7	39.6	18.6	8.0	2.1

		回答者	Q7-5. 教員の授業のすすめ方				
		全体	とても満足している	やや満足している	どちらともいえない	あまり満足していない	まったく満足していない
回答者	全体	1548	15.9	47.3	28.0	6.8	1.9
	人文科学系	420	19.8	50.5	22.6	6.0	1.2
Q1-4.	社会科学系	562	15.1	41.8	33.1	6.6	3.4
大学で	理工系	366	13.1	49.7	25.4	10.4	1.4
の専門	医療・保健系	74	16.2	59.5	21.6	2.7	0.0
	その他	126	14.3	46.8	34.9	3.2	0.8
Q1-1.	男性	779	15.0	44.8	29.0	8.2	3.0
性別	女性	752	16.9	50.3	26.6	5.3	0.9

		回答者	Q7-6. 部・サークル活動				
		全体	とても満足している	やや満足している	どちらともいえない	あまり満足していない	まったく満足していない
経験者	全体	971	36.8	33.1	18.1	7.1	4.9
	人文科学系	260	38.1	35.4	14.2	6.9	5.4
Q1-4.	社会科学系	378	41.0	33.1	16.1	5.6	4.2
大学で	理工系	218	32.1	30.3	22.9	9.2	5.5
の専門	医療・保健系	39	23.1	46.2	17.9	7.7	5.1
	その他	76	31.6	26.3	27.6	9.2	5.3
Q1-1.	男性	506	36.6	33.6	18.0	6.9	4.9
性別	女性	453	38.0	32.0	18.1	7.1	4.9

		回答者	Q7-7. 友人関係				
		全体	とても満足している	やや満足している	どちらともいえない	あまり満足していない	まったく満足していない
回答者	全体	1548	51.2	31.2	10.6	4.8	2.1
	人文科学系	420	52.6	33.1	7.6	4.0	2.6
Q1-4.	社会科学系	562	53.6	26.0	12.8	5.9	1.8
大学で	理工系	366	43.7	36.6	12.3	4.6	2.7
の専門	医療・保健系	74	54.1	32.4	10.8	2.7	0.0
	その他	126	56.3	31.7	5.6	4.8	1.6
Q1-1.	男性	779	48.7	32.0	12.1	4.7	2.6
性別	女性	752	54.8	30.1	9.0	4.9	1.2

	回答者	Q7-8. アルバイト				
	全体	とても満足 している	やや満足 している	どちらとも いえない	あまり満足 していない	まったく満足 していない
経験者　全体	1396	36.5	35.4	18.9	7.0	2.2
人文科学系	395	40.8	35.7	15.7	4.1	3.8
Q1-4.　社会科学系	512	36.9	33.6	18.9	9.0	1.6
大学で　理工系	307	30.0	32.2	25.4	9.8	2.6
の専門　医療・保健系	64	26.6	53.1	17.2	3.1	0.0
その他	118	42.4	40.7	13.6	3.4	0.0
Q1-1.　男性	687	33.0	31.6	23.6	8.7	3.1
性別　　女性	696	40.2	38.9	14.4	5.3	1.1

	回答者	Q7-9. 就職活動 （就職に関わる国家試験や教員採用試験のための勉強を含む）				
	全体	とても満足 している	やや満足 している	どちらとも いえない	あまり満足 していない	まったく満足 していない
経験者　全体	1472	19.2	36.7	24.0	13.3	6.8
人文科学系	386	17.1	34.5	23.6	16.8	8.0
Q1-4.　社会科学系	542	22.1	32.5	24.9	13.3	7.2
大学で　理工系	350	17.1	41.1	25.1	10.0	6.6
の専門　医療・保健系	73	15.1	43.8	21.9	19.2	0.0
その他	121	21.5	45.5	19.0	8.3	5.8
Q1-1.　男性	743	19.7	35.4	25.6	11.0	8.3
性別　　女性	712	19.2	37.8	22.6	15.6	4.8

	回答者	Q7-10. 学生生活全般について				
	全体	とても満足 している	やや満足 している	どちらとも いえない	あまり満足 していない	まったく満足 していない
回答者　全体	1452	36.6	43.3	12.1	5.9	2.2
人文科学系	420	37.9	43.3	10.5	6.4	1.9
Q1-4.　社会科学系	507	39.4	39.3	13.2	6.1	2.0
大学で　理工系	325	30.5	47.4	13.2	6.2	2.8
の専門　医療・保健系	74	32.4	51.4	10.8	5.4	0.0
その他	126	38.9	43.7	10.3	3.2	4.0
Q1-1.　男性	694	34.1	42.8	14.6	6.1	2.4
性別　　女性	742	39.5	43.3	9.8	5.8	1.6

※「Q7-10. 学生生活全般について」は一部の大学で未設定の設問のため、回答者全体のN数が異なる。

回答者		全体	Q8-1. 大学卒業直後の進路				
			正社員（正職員）として就職した	非正社員（非正職員）として就職した	就職するための準備をしていた	大学院に進学した	その他
回答者	全体	1548	81.3	7.0	5.0	3.7	3.0
Q1-4.大学での専門	人文科学系	420	77.6	11.2	5.2	2.1	3.8
	社会科学系	562	85.4	5.9	4.6	0.5	3.6
	理工系	366	79.2	2.2	5.7	10.9	1.9
	医療・保健系	74	82.4	10.8	1.4	4.1	1.4
	その他	126	80.2	9.5	6.3	1.6	2.4
Q1-1.性別	男性	779	82.7	4.7	5.5	5.0	2.1
	女性	752	80.2	9.3	4.4	2.1	4.0

回答者		全体	Q8-2. 現在の就業状況	
			現在就業中	現在就業していない
回答者	全体	1548	90.6	9.4
Q1-4.大学での専門	人文科学系	420	89.5	10.5
	社会科学系	562	92.0	8.0
	理工系	366	91.3	8.7
	医療・保健系	74	93.2	6.8
	その他	126	84.1	15.9
Q1-1.性別	男性	779	92.7	7.3
	女性	752	88.4	11.6

回答者		全体	Q9-1. 現職の業種						
			農林漁業	建設業	製造業	電気・ガス・熱供給・水道業	情報通信業	運輸業、郵便業	卸売業、小売業
現在、就業中の者		1402	0.9	5.1	15.9	1.6	9.0	4.6	10.8
Q1-4.大学での専門	人文科学系	376	0.3	1.9	10.1	0.5	6.6	5.9	12.8
	社会科学系	517	0.6	4.1	12.4	1.4	7.9	5.6	13.5
	理工系	334	2.4	12.0	31.4	2.7	15.6	3.6	3.3
	医療・保健系	69	0.0	0.0	20.3	4.3	1.4	1.4	14.5
	その他	106	0.0	3.8	1.9	0.9	6.6	0.9	11.3
Q1-1.性別	男性	722	1.0	6.9	22.9	1.9	10.8	5.5	9.8
	女性	665	0.8	3.2	8.6	1.2	7.1	3.5	11.9

		金融業、保険業	不動産業、物品賃貸業	学術研究、専門・技術サービス業	サービス業	教育、学習支援業	医療、福祉	公務員（1～13にあてはまるものを除く）	その他
現在、就業中の者		7.5	1.6	4.4	16.8	8.7	6.6	5.2	1.3
Q1-4.大学での専門	人文科学系	5.9	1.6	2.9	26.6	12.8	8.2	3.5	0.5
	社会科学系	13.9	3.3	3.5	17.0	3.9	5.2	6.0	1.7
	理工系	1.5	0.0	7.2	6.6	3.9	1.5	7.5	0.9
	医療・保健系	1.4	0.0	4.3	17.4	13.0	14.5	2.9	4.3
	その他	4.7	0.0	5.7	13.2	30.2	17.9	1.9	0.9
Q1-1.性別	男性	6.5	1.7	5.0	11.4	4.8	3.2	7.2	1.4
	女性	8.6	1.7	3.9	22.6	12.6	10.2	3.2	1.2

	回答者	Q9-2. 現職の職種						
	全体	専門職・技術職	事務職	営業職	販売職	サービス職	保安職	その他
現在、就業中の者	1402	35.2	24.4	19.3	6.5	10.3	2.1	2.2
Q1-4. 大学での専門	人文科学系	376	20.5	34.6	17.3	10.1	13.6	1.9	2.1
	社会科学系	517	18.0	28.4	32.9	6.0	10.1	2.7	1.9
	理工系	334	70.7	11.1	5.7	1.8	6.0	2.1	2.7
	医療・保健系	69	53.6	8.7	13.0	5.8	14.5	1.4	2.9
	その他	106	48.1	20.8	7.5	11.3	10.4	0.0	1.9
Q1-1. 性別	男性	722	43.6	13.9	25.1	3.6	7.6	3.5	2.8
	女性	665	26.0	35.8	13.4	9.8	13.1	0.6	1.4

	回答者	Q9-3. 現在の勤務先の企業規模				
	全体	29人以下	30〜99人	100〜499人	500〜999人	1000人以上
現在、就業中の者	1402	10.8	12.2	25.1	11.5	40.4
Q1-4. 大学での専門	人文科学系	376	12.0	9.6	25.0	9.8	43.6
	社会科学系	517	11.8	7.7	22.8	10.6	47.0
	理工系	334	6.0	16.5	29.6	15.3	32.6
	医療・保健系	69	7.2	11.6	29.0	17.4	34.8
	その他	106	18.9	30.2	19.8	5.7	25.5
Q1-1. 性別	男性	722	8.3	11.2	27.4	12.5	40.6
	女性	665	13.5	13.2	22.3	10.7	40.3

	回答者	Q9-4. 転職経験の有無	
	全体	転職したことがある	転職したことはない
現在、就業中の者	1402	37.1	62.9
Q1-4. 大学での専門	人文科学系	376	46.8	53.2
	社会科学系	517	37.1	62.9
	理工系	334	25.1	74.9
	医療・保健系	69	37.7	62.3
	その他	106	39.6	60.4
Q1-1. 性別	男性	722	33.7	66.3
	女性	665	40.5	59.5

Q10.仕事満足度とキャリア意識

	回答者	Q10-1. 仕事に必要なスキルを、職場外で自主的に学んでいる				
	全体	とてもあてはまる	ややあてはまる	どちらともいえない	あまりあてはまらない	まったくあてはまらない
現在、就業中の者	1402	18.5	38.8	19.0	15.6	8.1
Q1-4. 大学での専門	人文科学系	376	19.7	35.1	20.5	17.6	7.2
	社会科学系	517	20.9	41.2	17.0	13.0	7.9
	理工系	334	12.9	39.5	21.9	16.5	9.3
	医療・保健系	69	10.1	42.0	20.3	15.9	11.6
	その他	106	25.5	35.8	13.2	18.9	6.6
Q1-1. 性別	男性	722	19.0	39.9	19.0	13.7	8.4
	女性	665	18.0	37.9	18.6	17.7	7.7

Q10-2. 現在の職場での仕事を通じた成長実感

	回答者全体	自分はとても成長したと思う	自分はやや成長したと思う	どちらともいえない	自分はあまり成長していないと思う	自分はまったく成長していないと思う
現在、就業中の者	1402	29.9	55.0	10.3	3.6	1.2
Q1-4. 大学での専門 人文科学系	376	34.8	51.6	8.5	4.0	1.1
社会科学系	517	32.9	53.8	9.5	2.7	1.2
理工系	334	21.3	59.3	12.3	5.7	1.5
医療・保健系	69	20.3	66.7	13.0	0.0	0.0
その他	106	31.1	51.9	12.3	2.8	1.9
Q1-1. 性別 男性	722	29.6	54.4	9.8	4.2	1.9
女性	665	30.5	55.9	10.4	2.9	0.3

Q10-3. 現在の仕事には意欲的に取り組むことができる

	回答者全体	とてもそう思う	ややそう思う	どちらともいえない	あまりそう思わない	まったくそう思わない
現在、就業中の者	1314	30.9	44.4	15.2	7.1	2.4
Q1-4. 大学での専門 人文科学系	376	35.9	41.5	12.8	7.7	2.1
社会科学系	469	33.5	43.5	14.7	6.6	1.7
理工系	294	21.4	48.0	17.7	9.5	3.4
医療・保健系	69	31.9	39.1	23.2	4.3	1.4
その他	106	27.4	52.8	14.2	1.9	3.8
Q1-1. 性別 男性	643	32.8	43.7	14.3	6.2	3.0
女性	657	29.4	45.5	15.8	7.6	1.7

Q10-4. これからのキャリアや人生を自分で切り開いていける

	回答者全体	とてもそう思う	ややそう思う	どちらともいえない	あまりそう思わない	まったくそう思わない
現在、就業中の者	1402	20.1	40.0	28.5	9.2	2.2
Q1-4. 大学での専門 人文科学系	376	23.4	41.5	22.6	10.4	2.1
社会科学系	517	21.9	40.4	27.1	8.1	2.5
理工系	334	15.3	38.6	33.8	10.2	2.1
医療・保健系	69	20.3	31.9	42.0	4.3	1.4
その他	106	15.1	42.5	30.2	10.4	1.9
Q1-1. 性別 男性	722	21.6	40.0	28.3	8.0	2.1
女性	665	18.6	40.5	28.7	10.2	2.0

Q10-5. 現在の職場で評価されている

	回答者全体	とてもそう思う	ややそう思う	どちらともいえない	あまりそう思わない	まったくそう思わない
現在、就業中の者	1314	17.2	47.7	25.6	7.5	2.0
Q1-4. 大学での専門 人文科学系	376	17.8	50.8	20.5	9.6	1.3
社会科学系	469	18.8	49.3	24.5	5.8	1.7
理工系	294	14.6	41.2	33.0	8.5	2.7
医療・保健系	69	11.6	52.2	27.5	7.2	1.4
その他	106	18.9	45.3	27.4	4.7	3.8
Q1-1. 性別 男性	643	18.7	43.5	28.0	7.6	2.2
女性	657	15.8	52.2	23.3	7.0	1.7

Q10-6. 現在の職場での仕事に対する満足度

	回答者全体	とても満足している	やや満足している	どちらともいえない	あまり満足していない	まったく満足していない
現在、就業中の者	1402	16.5	42.5	25.0	12.3	3.7
Q1-4. 大学での専門 人文科学系	376	18.4	42.3	22.6	12.2	4.5
社会科学系	517	18.0	46.2	20.7	12.2	2.9
理工系	334	13.5	37.4	32.0	13.5	3.6
医療・保健系	69	13.0	42.0	27.5	14.5	2.9
その他	106	15.1	41.5	30.2	7.5	5.7
Q1-1. 性別 男性	722	17.9	40.9	25.5	11.5	4.3
女性	665	15.3	44.7	23.9	13.2	2.9

※「Q10-3. 現在の仕事には意欲的に取り組むことができる」「Q10-5. 現在の職場で評価されている」「Q10-6. 現在の職場での仕事に対する満足度」は一部の大学で未設定の設問のため、回答者全体のN数が異なる。

		回答者	Q11-1.　他者との豊かな関係を築く能力				
		全体	かなり身に付いた	やや身に付いた	どちらともいえない	あまり身に付かなかった	身に付かなかった
回答者	全体	1548	25.1	46.7	16.6	8.5	3.2
Q1-4.大学での専門	人文科学系	420	26.2	48.1	12.4	10.5	2.9
	社会科学系	562	28.5	44.7	16.7	6.0	4.1
	理工系	366	19.9	46.7	19.7	10.4	3.3
	医療・保健系	74	28.4	41.9	24.3	4.1	1.4
	その他	126	19.0	54.0	16.7	9.5	0.8
Q1-1.性別	男性	779	23.9	47.0	16.8	8.3	4.0
	女性	752	26.7	46.8	16.1	8.2	2.1

		回答者	Q11-2.　目標に向けて協力的に仕事を進める能力				
		全体	かなり身に付いた	やや身に付いた	どちらともいえない	あまり身に付かなかった	身に付かなかった
回答者	全体	1548	20.3	47.8	20.1	7.8	3.9
Q1-4.大学での専門	人文科学系	420	21.9	45.2	20.0	8.8	4.0
	社会科学系	562	21.9	45.2	20.8	7.7	4.4
	理工系	366	15.3	51.1	20.5	8.7	4.4
	医療・保健系	74	23.0	58.1	14.9	2.7	1.4
	その他	126	21.4	52.4	19.0	5.6	1.6
Q1-1.性別	男性	779	18.4	47.2	20.7	8.3	5.4
	女性	752	22.7	48.4	19.4	7.2	2.3

		回答者	Q11-3.　場を読み、組織を動かす能力				
		全体	かなり身に付いた	やや身に付いた	どちらともいえない	あまり身に付かなかった	身に付かなかった
回答者	全体	1548	16.5	40.2	27.7	10.5	5.0
Q1-4.大学での専門	人文科学系	420	16.7	38.8	26.7	11.9	6.0
	社会科学系	562	19.2	41.3	26.2	8.5	4.8
	理工系	366	12.3	36.3	33.3	11.5	6.6
	医療・保健系	74	14.9	51.4	25.7	8.1	0.0
	その他	126	17.5	45.2	23.0	12.7	1.6
Q1-1.性別	男性	779	15.9	39.5	28.6	9.6	6.3
	女性	752	17.4	41.1	27.0	11.0	3.5

		回答者	Q11-4.　ストレスのかかる場面でも、気持ちの揺れを制御する能力				
		全体	かなり身に付いた	やや身に付いた	どちらともいえない	あまり身に付かなかった	身に付かなかった
回答者	全体	1548	16.7	37.9	26.0	12.6	6.9
Q1-4.大学での専門	人文科学系	420	16.4	38.3	25.0	13.3	6.9
	社会科学系	562	18.3	37.7	24.7	12.1	7.1
	理工系	366	15.8	33.1	29.8	12.8	8.5
	医療・保健系	74	12.2	50.0	28.4	8.1	1.4
	その他	126	15.1	43.7	22.2	14.3	4.8
Q1-1.性別	男性	779	18.1	34.3	26.6	12.5	8.6
	女性	752	15.3	42.0	25.5	12.4	4.8

		回答者	Q11-5.　前向きな考え方、やる気を維持する能力				
		全体	かなり身に付いた	やや身に付いた	どちらともいえない	あまり身に付かなかった	身に付かなかった
回答者	全体	1548	18.2	40.8	27.1	9.2	4.6
Q1-4.大学での専門	人文科学系	420	21.2	39.8	22.9	11.0	5.2
	社会科学系	562	19.9	40.7	26.9	7.7	4.8
	理工系	366	13.1	39.3	31.7	11.2	4.6
	医療・保健系	74	18.9	41.9	33.8	4.1	1.4
	その他	126	15.1	48.4	25.4	7.9	3.2
Q1-1.性別	男性	779	18.1	38.5	28.0	9.5	5.9
	女性	752	18.5	43.8	26.3	8.5	2.9

		回答者	Q11-6. 主体的に動き、よい行動を習慣づける能力				
		全体	かなり身に付いた	やや身に付いた	どちらともいえない	あまり身に付かなかった	身に付かなかった
回答者	全体	1548	17.2	43.5	25.4	10.1	3.9
	人文科学系	420	18.8	42.9	22.6	11.9	3.8
Q1-4.	社会科学系	562	19.2	44.8	23.5	8.5	3.9
大学で	理工系	366	13.7	39.1	32.5	10.4	4.4
の専門	医療・保健系	74	17.6	50.0	18.9	12.2	1.4
	その他	126	12.7	48.4	26.2	8.7	4.0
Q1-1.	男性	779	17.3	41.8	26.4	9.2	5.1
性別	女性	752	17.2	45.5	24.3	10.6	2.4

		回答者	Q11-7. 様々な角度から情報を分析し、課題の原因を明らかにする能力				
		全体	かなり身に付いた	やや身に付いた	どちらともいえない	あまり身に付かなかった	身に付かなかった
回答者	全体	1548	17.2	44.0	25.2	9.8	3.7
	人文科学系	420	19.5	44.0	21.0	11.9	3.6
Q1-4.	社会科学系	562	15.7	41.5	29.0	9.3	4.6
大学で	理工系	366	18.9	45.6	23.0	9.0	3.6
の専門	医療・保健系	74	17.6	52.7	23.0	5.4	1.4
	その他	126	11.9	45.2	30.2	10.3	2.4
Q1-1.	男性	779	19.5	40.8	24.9	9.5	5.3
性別	女性	752	14.6	47.9	25.4	10.1	2.0

		回答者	Q11-8. 課題解決のための適切な計画を立てる能力				
		全体	かなり身に付いた	やや身に付いた	どちらともいえない	あまり身に付かなかった	身に付かなかった
回答者	全体	1548	13.2	45.0	27.3	10.1	4.5
	人文科学系	420	13.8	48.8	22.4	11.7	3.3
Q1-4.	社会科学系	562	14.1	41.6	28.8	9.8	5.7
大学で	理工系	366	13.1	42.6	28.4	10.7	5.2
の専門	医療・保健系	74	12.2	60.8	25.7	0.0	1.4
	その他	126	7.9	44.4	34.9	10.3	2.4
Q1-1.	男性	779	14.2	40.8	29.5	9.1	6.3
性別	女性	752	12.1	49.6	24.9	10.9	2.5

		回答者	Q11-9. 目標達成に向け、実践行動する能力				
		全体	かなり身に付いた	やや身に付いた	どちらともいえない	あまり身に付かなかった	身に付かなかった
回答者	全体	1548	18.8	49.7	20.6	7.0	3.8
	人文科学系	420	21.0	51.0	16.4	8.6	3.1
Q1-4.	社会科学系	562	20.5	48.0	21.4	6.2	3.9
大学で	理工系	366	14.8	49.5	22.7	7.9	4.2
の専門	医療・保健系	74	18.9	56.8	23.0	0.0	1.4
	その他	126	15.9	50.0	23.8	7.1	3.2
Q1-1.	男性	779	17.7	48.1	22.0	6.9	5.3
性別	女性	752	20.1	51.9	18.9	7.0	2.1

		回答者	Q11-10. 大学の専門科目で学んだ知識・技能				
		全体	かなり身に付いた	やや身に付いた	どちらともいえない	あまり身に付かなかった	身に付かなかった
回答者	全体	1548	14.3	46.3	24.7	9.6	5.0
	人文科学系	420	17.1	46.9	21.0	9.8	5.2
Q1-4.	社会科学系	562	10.0	42.0	28.5	12.8	6.8
大学で	理工系	366	14.8	47.3	27.3	7.4	3.3
の専門	医療・保健系	74	24.3	50.0	20.3	4.1	1.4
	その他	126	17.5	58.7	15.9	4.8	3.2
Q1-1.	男性	779	14.1	42.5	26.3	9.6	7.4
性別	女性	752	14.8	50.3	23.1	9.4	2.4

回答者		Q11-11. 大学の教養科目で学んだ知識・技能				
	全体	かなり 身に付いた	やや 身に付いた	どちらとも いえない	あまり身に 付かなかった	身に 付かなかった
回答者　全体	1548	9.4	41.8	32.6	11.2	5.0
Q1-4. 大学で の専門　人文科学系	420	11.0	44.5	27.6	12.1	4.8
社会科学系	562	8.2	39.0	33.1	13.7	6.0
理工系	366	9.0	40.7	37.4	8.7	4.1
医療・保健系	74	9.5	47.3	33.8	5.4	4.1
その他	126	10.3	45.2	32.5	7.1	4.8
Q1-1.　男性	779	10.3	37.1	33.8	11.7	7.2
性別　女性	752	8.5	46.7	31.4	10.6	2.8

回答者		Q11-12. 外国語を使う能力				
	全体	かなり 身に付いた	やや 身に付いた	どちらとも いえない	あまり身に 付かなかった	身に 付かなかった
回答者　全体	1548	10.2	22.5	25.3	23.4	18.7
Q1-4. 大学で の専門　人文科学系	420	22.6	35.2	16.4	15.0	10.7
社会科学系	562	6.0	20.8	27.9	23.7	21.5
理工系	366	6.0	15.6	30.1	28.4	19.9
医療・保健系	74	6.8	10.8	27.0	24.3	31.1
その他	126	1.6	14.3	27.8	34.9	21.4
Q1-1.　男性	779	9.1	18.5	27.9	22.6	22.0
性別　女性	752	11.4	26.2	22.7	24.2	15.4

回答者		Q11-13. 数理的思考力とデータ分析・活用能力 （数理・データサイエンス、情報科学など）				
	全体	かなり 身に付いた	やや 身に付いた	どちらとも いえない	あまり身に 付かなかった	身に 付かなかった
回答者　全体	1548	6.4	25.7	31.8	20.4	15.7
Q1-4. 大学で の専門　人文科学系	420	4.3	16.0	31.7	24.5	23.6
社会科学系	562	3.2	21.9	33.6	23.5	17.8
理工系	366	14.5	40.7	27.6	10.7	6.6
医療・保健系	74	2.7	41.9	36.5	16.2	2.7
その他	126	6.3	22.2	33.3	23.8	14.3
Q1-1.　男性	779	9.2	29.7	29.9	16.7	14.5
性別　女性	752	3.6	21.7	33.8	24.1	16.9

回答者		Q11-14. 課題発見・課題解決に必要な情報を見定め、 適切な手段を用いて収集・調査・整理する能力				
	全体	かなり 身に付いた	やや 身に付いた	どちらとも いえない	あまり身に 付かなかった	身に 付かなかった
回答者　全体	1548	11.2	41.4	31.2	10.2	6.0
Q1-4. 大学で の専門　人文科学系	420	11.4	38.6	31.9	10.7	7.4
社会科学系	562	9.3	40.2	32.2	11.2	7.1
理工系	366	15.3	44.5	28.7	7.7	3.8
医療・保健系	74	9.5	54.1	29.7	4.1	2.7
その他	126	7.9	39.7	32.5	15.1	4.8
Q1-1.　男性	779	13.1	40.4	30.4	8.9	7.2
性別　女性	752	9.0	42.6	32.2	11.6	4.7

回答者		Q11-15. 収集した個々の情報を多角的に分析し、現状を正確に把握する能力				
	全体	かなり身に付いた	やや身に付いた	どちらともいえない	あまり身に付かなかった	身に付かなかった
回答者 全体	1548	9.5	40.7	31.7	11.6	6.5
Q1-4. 大学での専門 人文科学系	420	9.5	39.5	30.7	13.1	7.1
社会科学系	562	8.9	37.2	32.9	12.8	8.2
理工系	366	12.3	45.4	29.0	9.0	4.4
医療・保健系	74	5.4	58.1	28.4	6.8	1.4
その他	126	6.3	36.5	38.9	11.9	6.3
Q1-1. 性別 男性	779	11.9	40.2	29.7	10.3	8.0
女性	752	6.9	41.5	33.6	13.0	4.9

回答者		Q11-16. 現象や事実のなかに隠れている問題点やその要因を発見し、解決すべき課題を設定する能力				
	全体	かなり身に付いた	やや身に付いた	どちらともいえない	あまり身に付かなかった	身に付かなかった
回答者 全体	1548	8.6	38.2	34.6	12.3	6.3
Q1-4. 大学での専門 人文科学系	420	8.6	39.3	30.2	14.3	7.6
社会科学系	562	8.2	33.8	37.2	13.0	7.8
理工系	366	10.7	42.9	32.0	10.4	4.1
医療・保健系	74	5.4	50.0	33.8	10.8	0.0
その他	126	6.3	33.3	46.0	9.5	4.8
Q1-1. 性別 男性	779	10.9	37.4	33.5	10.5	7.7
女性	752	6.1	39.4	35.8	14.1	4.7

回答者		Q11-17. さまざまな条件・制約を考慮して、解決策を吟味・選択し、具体化する能力				
	全体	かなり身に付いた	やや身に付いた	どちらともいえない	あまり身に付かなかった	身に付かなかった
回答者 全体	1548	9.1	40.2	34.5	10.3	5.9
Q1-4. 大学での専門 人文科学系	420	9.0	39.0	32.6	11.7	7.6
社会科学系	562	8.4	37.9	36.8	9.8	7.1
理工系	366	12.6	42.6	30.6	10.1	4.1
医療・保健系	74	5.4	55.4	32.4	6.8	0.0
その他	126	4.8	38.1	42.9	11.1	3.2
Q1-1. 性別 男性	779	11.9	38.5	32.1	10.0	7.4
女性	752	6.1	42.2	36.8	10.8	4.1

Q12.社会で求める能力

| | 回答者 | Q12-1.　他者との豊かな関係を築く能力 | | | | |
	全体	絶対に必要	とても必要	必要	少しは必要	あまり必要ではない
回答者　全体	1548	60.6	24.5	11.8	2.5	0.6
人文科学系	420	61.4	23.6	11.9	2.6	0.5
Q1-4.　社会科学系	562	62.5	24.0	11.6	1.4	0.5
大学で　理工系	366	55.2	27.3	11.7	4.6	1.1
の専門　医療・保健系	74	68.9	20.3	9.5	1.4	0.0
その他	126	60.3	24.6	13.5	0.8	0.8
Q1-1.　男性	779	61.1	24.6	11.0	2.4	0.8
性別　女性	752	60.5	24.3	12.4	2.4	0.4

| | 回答者 | Q12-2.　目標に向けて協力的に仕事を進める能力 | | | | |
	全体	絶対に必要	とても必要	必要	少しは必要	あまり必要ではない
回答者　全体	1548	48.1	34.0	15.3	1.8	0.8
人文科学系	420	49.5	33.6	13.8	2.1	1.0
Q1-4.　社会科学系	562	50.4	32.0	15.8	1.2	0.5
大学で　理工系	366	42.3	38.3	15.6	2.5	1.4
の専門　医療・保健系	74	52.7	28.4	17.6	1.4	0.0
その他	126	46.8	34.9	15.9	1.6	0.8
Q1-1.　男性	779	49.4	33.8	14.0	2.1	0.8
性別　女性	752	46.9	34.3	16.5	1.6	0.7

| | 回答者 | Q12-3.　場を読み、組織を動かす能力 | | | | |
	全体	絶対に必要	とても必要	必要	少しは必要	あまり必要ではない
回答者　全体	1548	38.5	32.1	21.1	6.9	1.4
人文科学系	420	40.2	30.7	20.2	7.9	1.0
Q1-4.　社会科学系	562	42.2	29.4	21.5	5.3	1.6
大学で　理工系	366	30.3	35.0	23.5	10.1	1.1
の専門　医療・保健系	74	41.9	36.5	16.2	5.4	0.0
その他	126	38.1	38.1	18.3	2.4	3.2
Q1-1.　男性	779	38.3	31.3	20.9	8.5	1.0
性別　女性	752	38.8	33.2	20.9	5.3	1.7

| | 回答者 | Q12-4.　ストレスのかかる場面でも、気持ちの揺れを制御する能力 | | | | |
	全体	絶対に必要	とても必要	必要	少しは必要	あまり必要ではない
回答者　全体	1548	49.8	28.6	16.5	3.9	1.2
人文科学系	420	50.5	29.0	17.4	2.1	1.0
Q1-4.　社会科学系	562	52.0	27.2	17.1	2.7	1.1
大学で　理工系	366	45.1	29.5	16.7	6.8	1.9
の専門　医療・保健系	74	56.8	27.0	13.5	1.4	1.4
その他	126	47.6	31.0	12.7	7.9	0.8
Q1-1.　男性	779	52.2	24.6	17.1	4.4	1.7
性別　女性	752	47.9	32.3	15.7	3.5	0.7

| | 回答者 | Q12-5.　前向きな考え方、やる気を維持する能力 | | | | |
	全体	絶対に必要	とても必要	必要	少しは必要	あまり必要ではない
回答者　全体	1548	41.0	34.2	19.1	4.6	1.2
人文科学系	420	43.3	34.5	16.9	4.3	1.0
Q1-4.　社会科学系	562	43.8	31.7	20.1	3.6	0.9
大学で　理工系	366	35.5	36.1	19.9	6.6	1.9
の専門　医療・保健系	74	36.5	37.8	23.0	2.7	0.0
その他	126	38.9	36.5	17.5	5.6	1.6
Q1-1.　男性	779	43.1	33.5	17.2	4.7	1.4
性別　女性	752	39.0	35.0	21.1	4.1	0.8

		回答者	Q12-6.　主体的に動き、よい行動を習慣づける能力				
		全体	絶対に必要	とても必要	必要	少しは必要	あまり必要ではない
回答者	全体	1548	39.5	33.4	21.4	4.7	1.0
	人文科学系	420	41.2	33.8	20.0	4.0	1.0
Q1-4.大学での専門	社会科学系	562	41.8	32.7	21.5	3.0	0.9
	理工系	366	34.2	31.4	24.9	7.9	1.6
	医療・保健系	74	37.8	39.2	18.9	4.1	0.0
	その他	126	40.5	37.3	16.7	4.8	0.8
Q1-1.性別	男性	779	42.6	32.1	19.8	4.5	1.0
	女性	752	36.6	34.8	22.9	4.8	0.9

		回答者	Q12-7.　様々な角度から情報を分析し、課題の原因を明らかにする能力				
		全体	絶対に必要	とても必要	必要	少しは必要	あまり必要ではない
回答者	全体	1548	36.4	33.5	23.5	5.3	1.3
	人文科学系	420	35.7	31.4	26.2	5.7	1.0
Q1-4.大学での専門	社会科学系	562	36.8	34.3	23.0	4.6	1.2
	理工系	366	38.8	33.3	20.8	5.7	1.4
	医療・保健系	74	35.1	33.8	24.3	5.4	1.4
	その他	126	30.2	37.3	24.6	5.6	2.4
Q1-1.性別	男性	779	40.4	32.1	21.7	5.0	0.8
	女性	752	32.3	34.6	25.8	5.7	1.6

		回答者	Q12-8.　課題解決のための適切な計画を立てる能力				
		全体	絶対に必要	とても必要	必要	少しは必要	あまり必要ではない
回答者	全体	1548	36.6	34.4	22.3	5.2	1.6
	人文科学系	420	36.2	33.6	23.6	4.5	2.1
Q1-4.大学での専門	社会科学系	562	35.6	34.9	24.6	3.6	1.4
	理工系	366	39.6	33.3	19.9	6.3	0.8
	医療・保健系	74	37.8	32.4	21.6	8.1	0.0
	その他	126	32.5	39.7	15.1	9.5	3.2
Q1-1.性別	男性	779	40.9	33.4	20.7	4.2	0.8
	女性	752	32.0	35.4	24.2	6.1	2.3

		回答者	Q12-9.　目標達成に向け、実践行動する能力				
		全体	絶対に必要	とても必要	必要	少しは必要	あまり必要ではない
回答者	全体	1548	41.2	34.6	18.7	4.6	0.9
	人文科学系	420	42.1	33.6	19.0	4.3	1.0
Q1-4.大学での専門	社会科学系	562	44.0	32.6	19.2	3.2	1.1
	理工系	366	38.8	35.8	18.6	6.3	0.5
	医療・保健系	74	35.1	40.5	18.9	5.4	0.0
	その他	126	36.5	39.7	15.9	6.3	1.6
Q1-1.性別	男性	779	45.1	33.6	16.6	4.1	0.6
	女性	752	37.4	35.6	20.9	5.1	1.1

		回答者	Q12-10.　大学の専門科目で学んだ知識・技能				
		全体	絶対に必要	とても必要	必要	少しは必要	あまり必要ではない
回答者	全体	1548	11.9	14.2	25.1	28.5	20.3
	人文科学系	420	10.0	14.5	22.9	27.9	24.8
Q1-4.大学での専門	社会科学系	562	10.1	11.0	26.5	30.4	21.9
	理工系	366	13.1	14.8	26.5	29.8	15.8
	医療・保健系	74	17.6	18.9	21.6	24.3	17.6
	その他	126	19.0	23.0	23.8	20.6	13.5
Q1-1.性別	男性	779	12.7	13.4	25.8	28.6	19.5
	女性	752	11.0	15.2	24.3	28.2	21.3

200

	回答者		Q12-11. 大学の教養科目で学んだ知識・技能				
		全体	絶対に必要	とても必要	必要	少しは必要	あまり必要ではない
回答者	全体	1548	8.9	12.9	29.0	30.8	18.5
	人文科学系	420	7.1	12.1	29.5	30.2	21.0
Q1-4. 大学で の専門	社会科学系	562	9.4	11.4	26.9	32.6	19.8
	理工系	366	8.7	13.4	30.6	32.5	14.8
	医療・保健系	74	6.8	17.6	39.2	20.3	16.2
	その他	126	13.5	17.5	26.2	26.2	16.7
Q1-1. 性別	男性	779	10.0	12.6	26.8	32.5	18.1
	女性	752	7.6	13.2	31.4	29.1	18.8

	回答者		Q12-12. 外国語を使う能力				
		全体	絶対に必要	とても必要	必要	少しは必要	あまり必要ではない
回答者	全体	1548	12.7	12.3	20.3	27.8	26.8
	人文科学系	420	18.6	16.2	21.0	22.6	21.7
Q1-4. 大学で の専門	社会科学系	562	10.1	12.5	20.8	25.3	31.3
	理工系	366	12.0	8.5	20.2	36.3	23.0
	医療・保健系	74	10.8	8.1	14.9	32.4	33.8
	その他	126	7.9	11.9	19.8	29.4	31.0
Q1-1. 性別	男性	779	13.1	11.4	21.3	28.5	25.7
	女性	752	12.6	12.9	19.1	27.3	28.1

	回答者		Q12-13. 数理的思考力とデータ分析・活用能力 （数理・データサイエンス、情報科学など）				
		全体	絶対に必要	とても必要	必要	少しは必要	あまり必要ではない
回答者	全体	1548	14.0	22.9	29.5	20.3	13.3
	人文科学系	420	11.0	22.4	31.4	18.8	16.4
Q1-4. 大学で の専門	社会科学系	562	13.3	20.1	30.8	22.6	13.2
	理工系	366	20.2	29.5	24.9	16.9	8.5
	医療・保健系	74	13.5	20.3	29.7	23.0	13.5
	その他	126	9.5	19.0	31.0	23.0	17.5
Q1-1. 性別	男性	779	18.4	26.3	27.9	18.0	9.5
	女性	752	9.4	19.5	31.3	22.6	17.2

	回答者		Q12-14. 課題発見・課題解決に必要な情報を見524め、 適切な手段を用いて収集・調査・整理する能力				
		全体	絶対に必要	とても必要	必要	少しは必要	あまり必要ではない
回答者	全体	1548	25.3	29.3	30.1	10.9	4.5
	人文科学系	420	21.7	30.2	28.6	13.8	5.7
Q1-4. 大学で の専門	社会科学系	562	26.0	27.4	32.7	9.6	4.3
	理工系	366	32.5	33.1	25.1	7.7	1.6
	医療・保健系	74	20.3	24.3	37.8	9.5	8.1
	その他	126	16.7	26.2	33.3	16.7	7.1
Q1-1. 性別	男性	779	31.1	30.2	26.6	9.2	3.0
	女性	752	19.3	28.3	33.8	12.6	6.0

		回答者	Q12-15. 収集した個々の情報を多角的に分析し、現状を正確に把握する能力				
		全体	絶対に必要	とても必要	必要	少しは必要	あまり必要ではない
回答者	全体	1548	24.0	30.6	31.6	9.6	4.2
Q1-4. 大学で の専門	人文科学系	420	22.4	32.1	30.0	10.7	4.8
	社会科学系	562	25.4	28.1	31.9	10.0	4.6
	理工系	366	29.0	34.2	28.4	6.6	1.9
	医療・保健系	74	18.9	25.7	39.2	9.5	6.8
	その他	126	11.9	29.4	40.5	12.7	5.6
Q1-1. 性別	男性	779	29.5	32.1	27.5	8.1	2.8
	女性	752	18.5	29.0	35.8	11.2	5.6

		回答者	Q12-16. 現象や事実のなかに隠れている問題点やその要因を発見し、解決すべき課題を設定する能力				
		全体	絶対に必要	とても必要	必要	少しは必要	あまり必要ではない
回答者	全体	1548	25.2	31.5	30.5	9.0	3.8
Q1-4. 大学で の専門	人文科学系	420	23.6	33.1	28.6	10.0	4.8
	社会科学系	562	26.0	30.6	30.8	8.9	3.7
	理工系	366	29.2	32.0	29.8	7.4	1.6
	医療・保健系	74	25.7	28.4	29.7	9.5	6.8
	その他	126	15.1	31.0	38.1	10.3	5.6
Q1-1. 性別	男性	779	29.7	31.6	28.6	7.6	2.6
	女性	752	20.5	31.4	32.6	10.5	5.1

		回答者	Q12-17. さまざまな条件・制約を考慮して、解決策を吟味・選択し、具体化する能力				
		全体	絶対に必要	とても必要	必要	少しは必要	あまり必要ではない
回答者	全体	1548	25.5	31.1	31.1	9.1	3.2
Q1-4. 大学で の専門	人文科学系	420	24.3	33.1	28.6	9.8	4.3
	社会科学系	562	25.8	28.5	34.2	8.5	3.0
	理工系	366	30.3	32.8	27.6	8.2	1.1
	医療・保健系	74	20.3	31.1	32.4	12.2	4.1
	その他	126	17.5	31.7	34.9	10.3	5.6
Q1-1. 性別	男性	779	30.0	31.6	28.9	8.1	1.4
	女性	752	20.9	30.5	33.6	10.1	4.9

付表3 調査票

設問	選択肢	回答形式	回答者条件
Q1　はじめに基本的なことがらについてお聞きします。			
Q1-1.　性別	1 男性 2 女性	SA	ALL
Q1-2.　年齢	1 20代 2 30代 3 40代以上	SA	ALL
Q1-3.　現在お住まいの都道府県	1 北海道 2 青森県 3 岩手県 4 宮城県 5 秋田県 6 山形県 7 福島県 8 茨城県 9 栃木県 10 群馬県 11 埼玉県 12 千葉県 13 東京都 14 神奈川県 15 新潟県 16 富山県 17 石川県 18 福井県 19 山梨県 20 長野県 21 岐阜県 22 静岡県 23 愛知県 24 三重県 25 滋賀県 26 京都府 27 大阪府 28 兵庫県 29 奈良県 30 和歌山県 31 鳥取県 32 島根県 33 岡山県 34 広島県 35 山口県 36 徳島県 37 香川県 38 愛媛県 39 高知県 40 福岡県 41 佐賀県 42 長崎県 43 熊本県 44 大分県 45 宮崎県 46 鹿児島県 47 沖縄県 48 海外	SA	ALL

設問		選択肢	回答 形式	回答者 条件
Q1　はじめに基本的なことがらについてお聞きします。				
Q1-4.	大学での専門	1 人文科学系 　（文学や史学、哲学など） 2 社会科学系 　（法学、政治学、商学、経済学、社会学など） 3 理工系 4 医療・保健系 5 その他	SA	ALL
Q1-5.	卒業した時期	1 2014年3月 2 2015年3月 3 2016年3月 4 2017年3月 5 その他	SA	ALL
Q1-6.	大学入試の形態	1 一般入試 2 センター利用入試 3 推薦入試 4 AO入試 5 外国人留学生入試編入試験 6 その他	SA	ALL
Q1-7.	大学入学時の志望順位	3 第1志望 2 第2志望 1 第3志望以下	SA	ALL
Q1-8.	婚姻	1 未婚 2 既婚	SA	ALL

Q2.高校時代

設問		選択肢	回答形式	回答者条件
Q2　あなたの出身高校についてお聞きします。				
Q2-1.	高校の所在地	1 北海道	SA	ALL
		2 青森県		
		3 岩手県		
		4 宮城県		
		5 秋田県		
		6 山形県		
		7 福島県		
		8 茨城県		
		9 栃木県		
		10 群馬県		
		11 埼玉県		
		12 千葉県		
		13 東京都		
		14 神奈川県		
		15 新潟県		
		16 富山県		
		17 石川県		
		18 福井県		
		19 山梨県		
		20 長野県		
		21 岐阜県		
		22 静岡県		
		23 愛知県		
		24 三重県		
		25 滋賀県		
		26 京都府		
		27 大阪府		
		28 兵庫県		
		29 奈良県		
		30 和歌山県		
		31 鳥取県		
		32 島根県		
		33 岡山県		
		34 広島県		
		35 山口県		
		36 徳島県		
		37 香川県		
		38 愛媛県		
		39 高知県		
		40 福岡県		
		41 佐賀県		
		42 長崎県		
		43 熊本県		
		44 大分県		
		45 宮崎県		
		46 鹿児島県		
		47 沖縄県		
		48 海外		

設問	選択肢	回答形式	回答者条件
Q2 あなたの出身高校についてお聞きします。			
Q2-2. あなたが卒業した高校のクラスでは、大学（短大や専門学校を含みません）への進学者はどれくらいいましたか。	5 ほとんど全員 4 8～9割 3 5～8割未満 2 3～5割未満 1 ほとんどいない	SA	ALL
Q2-3. 高校生活全体について、満足している	5 とてもあてはまる 4 ややあてはまる 3 どちらともいえない 2 あまりあてはまらない 1 まったくあてはまらない	SA	ALL

Q3.学生時代の成績

設問	選択肢	回答形式	回答者条件
Q3 あなたの学生時代の成績についてお聞きします。			
Q3-1. 中学3年生の時の学校内成績	5 上のほう 4 やや上 3 真ん中くらい 2 やや下 1 下のほう	SA	ALL
Q3-2. 高校3年生の時の学校内成績	5 上のほう 4 やや上 3 真ん中くらい 2 やや下 1 下のほう	SA	ALL
Q3 あなたの学生時代の成績についてお聞きします。			
Q3-3. 大学卒業時の成績	5 良い 4 どちらかといえば良い 3 どちらともいえない 2 どちらかといえば良くない 1 良くない	SA	ALL

設問		選択肢	回答形式	回答者条件
Q4　あなたは大学在学中、次の活動にどれくらい熱心に取り組んでいましたか。				
Q4-1.	専門科目の講義	5 とても熱心だった 4 やや熱心だった 3 どちらともいえない 2 あまり熱心でなかった 1 まったく熱心でなかった	SA	ALL
Q4-2.	教養科目の講義	5 とても熱心だった 4 やや熱心だった 3 どちらともいえない 2 あまり熱心でなかった 1 まったく熱心でなかった	SA	ALL
Q4-3.	外国語の学習	5 とても熱心だった 4 やや熱心だった 3 どちらともいえない 2 あまり熱心でなかった 1 まったく熱心でなかった	SA	ALL
Q4-4.	卒業論文・卒業研究・専門分野のゼミ	5 とても熱心だった 4 やや熱心だった 3 どちらともいえない 2 あまり熱心でなかった 1 まったく熱心でなかった 0 卒業論文・卒業研究・ゼミを経験しなかった	SA	ALL
Q4-5.	部・サークル活動	5 とても熱心だった 4 やや熱心だった 3 どちらともいえない 2 あまり熱心でなかった 1 まったく熱心でなかった 0 部・サークル活動を経験しなかった	SA	ALL
Q4-6.	アルバイト	5 とても熱心だった 4 やや熱心だった 3 どちらともいえない 2 あまり熱心でなかった 1 まったく熱心でなかった 0 アルバイトを経験しなかった	SA	ALL
Q4-7.	就職活動（国家試験のための勉強を含む）	5 とても熱心だった 4 やや熱心だった 3 どちらともいえない 2 あまり熱心でなかった 1 まったく熱心でなかった 0 就職活動を経験しなかった	SA	ALL

設問	選択肢	回答形式	回答者条件
Q5 大学在学中、次のことがらはどれくらいあてはまりますか。			
Q5-1. 授業中に自分から発言した	5 とてもあてはまる 4 ややあてはまる 3 どちらともいえない 2 あまりあてはまらない 1 まったくあてはまらない	SA	ALL
Q5-2. 授業についていけなかった（わからなかった）	1 とてもあてはまる 2 ややあてはまる 3 どちらともいえない 4 あまりあてはまらない 5 まったくあてはまらない	SA	ALL
Q5-3. 授業の内容について他の学生と議論した	5 とてもあてはまる 4 ややあてはまる 3 どちらともいえない 2 あまりあてはまらない 1 まったくあてはまらない	SA	ALL
Q5-4. 自主的な勉強会や研究会に参加した	5 とてもあてはまる 4 ややあてはまる 3 どちらともいえない 2 あまりあてはまらない 1 まったくあてはまらない	SA	ALL
Q5-5. 教員に親近感を感じた	5 とてもあてはまる 4 ややあてはまる 3 どちらともいえない 2 あまりあてはまらない 1 まったくあてはまらない	SA	ALL
Q5-6. 大学の教職員に将来のキャリアの相談をした	5 とてもあてはまる 4 ややあてはまる 3 どちらともいえない 2 あまりあてはまらない 1 まったくあてはまらない	SA	ALL
Q5-7. 在学中を通じて自分は成長できたと実感できる	5 とてもあてはまる 4 ややあてはまる 3 どちらともいえない 2 あまりあてはまらない 1 まったくあてはまらない	SA	ALL